MS PELLWORM

Jens Alfred Jensen

Pellworm

und die Welt da draußen

Erinnerungen aus Kindheit und Jugend

Husum

Umschlagbild: Wir fahren über Rungholt

Bibliografische Information der Deutschen Nationalbibliothek

Die Deutsche Nationalbibliothek verzeichnet diese Publikation in der Deutschen Nationalbibliografie; detaillierte bibliografische Daten sind im Internet über http://dnb.dnb.de abrufbar.

Gesamtherstellung: Husum Druck- und Verlagsgesellschaft,
Postfach 1480, D-25804 Husum – www.verlagsgruppe.de
ISBN 978-3-89876-918-1

Vorwort

Ein chinesisches Sprichwort sagt: *Die Vergangenheit sollte ein Sprungbrett sein, kein Sofa!*
Für mich heißt das: Pensionär sein, ade – runter vom Sofa (wo es so schön bequem sein kann) – mit einem kühnen Sprung hinein ins Erlebte! Wir mischen die Vergangenheit auf! Das Gewesene hole ich zurück ins Leben, denn es ist so bunt, vielfältig und spannend zugleich, voller Ideen, Anregungen, Herausforderungen und Chancen für unsere Zukunft. Wir können damit die Welt nicht verändern – vielleicht ein bisschen –, aber es gibt auch in unserem persönlichen Umfeld noch so viel Gutes und Sinnvolles zu tun – packen wir's an!

Meine Autobiografie ist keineswegs ein normal strukturierter und gestylter Lebenslauf, nein – ich stelle euch in zwei Abschnitten einen auf Pellworm geborenen Nordfriesen vor, der auszog in eine unbekannte Welt und dort die extrem vielseitigen, hellen und dunklen Seiten des Lebens kennenlernte, der es geschafft hat, in gefährlichen und angenehmen Situation – alleine und mit der Hilfe anderer – zu gutem Schluss rundum zufrieden und glücklich in seine alte Heimat zurückzukehren.
Manche Begebenheiten regen möglicherweise auch zum Schmunzeln an oder sind aus heutiger Sicht komisch, lachhaft, zum Heulen oder nicht vorstellbar. So unglaublich manche Ereignisse in meinem Leben für euch auch sein mögen, sie sind wahr, sie sind authentisch, denn ihr wisst, ich bin mir selber stets treu geblieben.

Meine Lebensgeschichte ist eine Sammlung vielfältiger, interessanter sowie unvorhergesehener und kritischer Erlebnisse. Sie sollen euch zum ernsthaften Nachdenken und angemessenen Handeln anregen. Es wäre vermessen von mir, würde ich euch einen roten Faden für eure Lebensplanung anbieten, gleichwohl sind einige Rezept-Ideen sicherlich nicht völlig abwegig.

Der Titel „Pellworm und die Welt da draußen“ spiegelt das kuriose und spannende, facettenreiche Schicksal des Autors wider und ist zugleich eine geheimnisvolle, mystisch wirkende Zeitgeschichte eines ehemaligen Uthlande-Flüchtlings.
Der Titel steht zudem für das Widersprüchliche und Versöhnliche in unserem Leben und findet dennoch keine Antwort auf meine anfängliche Abkehr von einer idyllischen Insel im Wattenmeer, wohl aber auf die Rückkehr zu mir selber.
Da ist noch etwas Besonderes, was ich kaum beschreiben und erklären kann: Stets, wenn ich mir Gedanken über Pellworm mache oder wenn ich die Fähre oder die Insel betrete, ist es plötzlich da – ein sehr vertrautes, ein gutes Gefühl, als wenn man nach langer Zeit die heimische Wohnung wieder betritt. So unwahrscheinlich es auch klingen mag, aber irgendwie spürt mein Innerstes eine enge Verbindung zu Pellworm, als wenn ich nie weg gewesen wäre.
Für mich wäre es eine große Freude und Genugtuung zugleich, wenn diese Autobiografie nicht nur mit Freude gelesen wird, sondern auch zum Staunen und Nachdenken anregt.
Erwartet bitte von mir keine wissenschaftlich strukturierte Abhandlung, ich halte mich nicht streng an eine Chronologie, auch Zeitsprünge sind bewusst eingebracht, so wie ich bin, etwas verrückt halt.
Abschließend möchte ich euch noch sagen: Etwas Zeit müsst ihr euch schon nehmen, um diese Ausführungen zu lesen und die Zusammenhänge zu erkennen. Zeit, das kostbarste Gut in dieser Welt, das uns in begrenztem Umfang geliehen wurde.
Ihr seid dabei, diese Zeit sinnvoll zu investieren – viel Spaß beim Lesen! Es lohnt sich!

Gedanken zur Zeit – Was uns bewegt

„Oh je – ganz der Opa“, höre ich Anja im Hintergrund etwas vorwurfsvoll, aber sanftmütig seufzen. Moment mal, spüre ich da bei Anja etwa unterschwellig Erleichterung oder gar einen verschmitzt ironischen Unterton? Böse Falle – da ist etwas passiert! Ein dunkler Wuschelkopf mit schelmischem Blick, mit großen, glänzenden, ja fragenden Augen schaut mich an und erwartet eine Reaktion von mir: „Jayden, was hast du wieder angestellt?“ Oder bin ich etwa selber für diese kleine, hausinterne Überschwemmung verantwortlich? Scheinbar ja. Schlagartig wurde mir bewusst, dass ich, Opa Jens, gemeint bin. Der Spruch „Wie der Vater, so der Sohn“ war mir noch gut in Erinnerung, quasi allgegenwärtig. Jetzt plötzlich Opa? Und noch stets Blödsinn im Kopf wie früher? Offensichtlich habe ich da einiges nicht mitbekommen oder verdrängt oder etwa gepennt? Obwohl – mal ehrlich – Opa sein, das hat etwas Besonderes, suggeriert Erfahrung, Reife, Seriosität, Gelassenheit oder? Na ja, und die kleine Überschwemmung, die Schiffchen kann man retten, einen Aufnehmer, einen Eimer, ein bisschen wischen und schon ist nichts mehr zu sehen.

In ein paar Tagen ist alles fast wieder trocken. Außerdem muss man im Flur ja nicht wohnen und nächstes Mal erhält die Wanne einen stabileren Unterbau, damit sie nicht umkippen kann. Mit triefnassen Pantoffeln mache ich gute Miene zum bösen Spiel. „Jayden, ich helfe dir, nichts Schlimmes passiert und trockene Klamotten für dich finden wir auch!“ Situation gerettet – für mich zumindest. Zudem muss nochmals gesagt werden: Jayden und ich – wir verstehen uns blind! Wieso ist da eine so starke emotionale Verbindung zwischen meinen Enkeln und mir? Sind es ähnliche Verhaltensweisen, vergleichbare Charaktereigenschaften, eine unsichtbare Ader oder gar die kleinen Streiche? Auf jeden Fall gibt es im Verhältnis zu den kleinen Banausen etwas Vertrautes, etwas, was ich deutlich spüre, eine besonders starke Beziehung zwischen Jayden und mir. Irgendwie verrückt, oder? Aber so ist die Welt, in der wir leben, real, wunderbar, genauso unerklärlich und bisweilen unfassbar.

Jaydens Bruder Jorden ist noch zu klein, noch ein Baby und zu weit weg. Leider bin ich mit Jorden nur selten zusammen, schade eigentlich. Trotzdem hat es schon geklickt – glaube ich.
Letztendlich sollen diese Darstellungen ein spannendes Abenteuer über Altersgrenzen und Generationen hinweg sein.

Gedanken zur Zeit

Ein so einzigartiges, facettenreiches, spannendes, ja verrücktes Leben lässt sich nicht in wenigen Sätzen beschreiben. Deshalb die nachfolgenden zwei Bände.
Jean Paul hat die Begrifflichkeit Zeit philosophisch beschrieben: *Das Meer der Zeit ist nur eine Woge auf dem Meer der Ewigkeit.*
Ein Hauch von Melancholie überkommt mich bei diesem Spruch, denn er berührt meine Seele. Er inspiriert meine Gedankenwelt, mein Gefühl von Zeit und erhebt mich fantasievoll in die Vogelperspektive. Philosophisch betrachtet vermittelt er für mich wunderbar die Vorstellungen von Freiheit und Unendlichkeit.
Der Maler Emil Nolde hat diese einzigartige Welt mit seiner Vision, seiner typischen, ja bestechenden Farbenpracht eingefangen, illustriert und gedeutet.
Auch ich habe hier meinen Frieden als Heimkehrer gefunden und darf an diesem wunderbaren Ort leben. Das hier ist auch meine Welt! Hier lebe und hier wohne ich, hier ist meine Heimat, hier bin ich zu Hause.
Da ich jetzt von der Zeit und von meinen Erinnerungen eingeholt wurde, habe ich euch, meinen lieben Kids und verehrten Fans, versprochen, einiges aus meinem Leben preiszugeben, es niederzuschreiben bzw. euch davon zu berichten. Back to the roots! – zurück zu den Wurzeln bzw. zu den Ursprüngen.
In einem bekannten Sprichwort heißt es: Die Erinnerung ist das einzige Paradies, aus dem wir nicht vertrieben werden können. (Jean Paul)
Von Dietrich Bonhoeffer stammt das bemerkenswerte Zitat:
Je schöner und voller die Erinnerung, desto schwerer ist die Trennung.

Aber die Dankbarkeit verwandelt die Erinnerung in eine stille Freude.
Mit meinem selbst kreierten „Way of Life“ bin ich ganz gut gefahren, habe gute und schlechte Zeiten erlebt und kann von spannenden, kuriosen, sehr schwierigen und einzigartigen Erlebnissen und Herausforderungen berichten. Trotzdem oder gerade deshalb habe ich deutlich mehr erreicht, als mir früher auf die Fahne geschrieben wurde.
Es war ein sehr schönes, erfülltes Leben, das ich gemeinsam mit Yvi und später mit Dwayne samt Familie an meiner Seite erleben durfte. Dafür bin ich meinem Schöpfer ewig dankbar. Alle wichtigen Entscheidungen auf den verschiedensten Stationen in meinem Leben würde ich so oder so ähnlich nochmals treffen. Immer wenn es schwierig wurde, haben wir zueinandergestanden, haben uns zusammengerauft und so auch bedrohliche Probleme bewältigt.

Ziel und Zweck dieser Autobiografie

Eines kann ich jetzt schon verraten: Diese Autobiografie ist – genau wie ich – absolut authentisch, es wird nichts beschönigt, nicht übertrieben, aber natürlich aus meiner Warte, meiner ureigenen Sichtweise, dargestellt. Einen möglicherweise unterschwellig erkennbaren Hang zum Sarkasmus und eine gewisse Ironie kann ich mir dabei nicht verkneifen. Ich biete euch kein Rezept, keine Leitlinie für konkrete Lebensplanungen, gleichwohl Anregungen, wie man Fettnäpfchen, allzu menschliche Stolperfallen und mögliche Fehlentscheidungen vermeidet. In der Nachschau bewerte ich mein Leben wie einen spannenden Abenteuerroman mit einzigartigen, netten sowie unglaublichen Ereignissen und unvergesslichen Anekdoten.
Diese Autobiografie präsentiere ich euch als gebürtiger Pellwormer, als überzeugter Nordfriese, der zwar im Alter fortgeschritten, jedoch nicht auf den Mund gefallen ist. Wie meinem Vater werden auch mir u. a. Witz und Bauernschläue nachgesagt. Den unverbesserlichen Optimisten mit Empathie gestehe ich ein, die Tatsache, dass man mit mir Pferde stehlen kann, etwas weniger.

Ohne dem Fazit meiner Erkenntnisse vorgreifen zu wollen, hier einige lohnende Tipps: Bleibt euch selber stets treu, nehmt euch selber nie zu ernst, bleibt in jeder Situation authentisch und lasst euch nicht verbiegen. Seid selbstbewusst, leidenschaftlich und stets zuversichtlich. Lebt euren Traum so gut, wie's geht.

Man muss von dem, was man tut, überzeugt sein. Ein gesunder Ehrgeiz, Empathie, Selbstvertrauen, Aufrichtigkeit, Ehrlichkeit und Verlässlichkeit sind dabei hilfreich.

Mensch sein und Mensch bleiben heißt die Devise und ist eine sinnvolle, ja gute Lebenseinstellung.

Beim Umgang mit anderen Menschen habe ich stets Fairness, Toleranz und Respekt eingefordert, Dummheit, Ignoranz und Dekadenz waren mir zuwider.

Um anständige Mitglieder unserer Gesellschaft zu sein, reicht es prinzipiell aus, wenn ihr die zehn Gebote befolgt und keine der sieben Todsünden begeht. Übrigens hat Pieter Breugel der Ältere hierzu interessante, sehenswerte Kupferstiche hergestellt.

Für mich bedeutet diese Autobiografie, diese Aufgabe, eine enorme Herausforderung und sehr viel Zeit und Arbeit, sprich Schreibkram.

Sicherlich habt ihr noch viele Fragen, das ist gut so und zeigt mir, dass ihr euch Gedanken macht. Keineswegs habe ich auf alle Fragen eine Antwort für euch, zumindest keine überzeugende. Es sei euch jetzt schon gesagt, dass die Fähigkeit, Antworten zu finden, keine Frage des Alters ist.

Zum Thema Alter, alt, Älterwerden habe ich jedoch ein sinnvolles, sehr passendes Sprichwort: *Jeder, der sich die Fähigkeit erhält, Schönes zu erkennen, wird nie alt werden.* (Franz Kafka)

Gut beraten ist, wer sich in Lebensfragen und was uns Menschen so bewegt psychologisch-philosophischen Rat einholt – auch, wenn es auch nur einige Weisheiten sind, die man verinnerlicht.

Alles auf Anfang

Die spannenden Erinnerungen an meine Kindheit auf Pellworm

Und jedem Anfang wohnt ein Zauber inne, mit diesem Zitat von Hermann Hesse beginnt unser gemeinsames Abenteuer, mein Sprung, meine Zeitreise in die Vergangenheit.

Wir schreiben das Jahr 1949, als ich auf der Nordseeinsel Pellworm geboren wurde. Nicht im Großen Koog, wo wir die meiste Zeit auf Pellworm gewohnt haben, nein, mein Geburtsort ist ein Haus auf dem Deich Am Parlament. Mit dem gleichnamigen Haus unserer Volksvertreter in Berlin hat dieses Parlament jedoch nichts zu tun. Mein Geburtshaus liegt zwischen der Alten Kirche und der Hooger Fähre. Meine Mutter Ingeborg war damals Kriegsflüchtling aus Ostpreußen und arbeitete (schuftete) für Kost und Logis bei einem Groß-

Hochzeitsfoto von Mutter Ingeborg und Vater Johannes

bauern. Heute würde man sagen, sie wurde gnadenlos ausgebeutet. Es war ein entbehrungsreiches, hartes Leben ohne jegliche Perspektive. Ihre Familie wurde auf der Flucht zerrissen und alles Persönliche ging verloren – auch ein Teil ihrer selbst, aber dazu später mehr.
Per Zufall lernte sie im Frühjahr 1948 beim Rübenvereinzeln Johannes (meinen Vater) kennen. Nachdem sie sich einige Monate später in den Kartoffeln näher gekommen waren, war ich am 7. Juli 1949 das Ergebnis dieses Dates in der Natur. Im Frühjahr des gleichen Jahres wurde in kleinem Rahmen geheiratet.
Wer wen gefragt hat – beide waren extrem schüchtern –, vermag ich nicht zu beantworten und ist mir bis heute ein Rätsel. Mangels Erspartem gab es notgedrungen zunächst die kleine Wohnung am Parlament, etwas später dann hat mein Vater seine kleine Familie in seinen Friesenhof in den Großen Koog entführt. Dort bewirtschafteten meine Großeltern Anne und Jens auf einer Warft ihren kleinen Bauernhof mit Kuh und Kalb. Mein Großvater war Kriegs-Invalide und nur eingeschränkt fähig, den kleinen Hof zu bewirtschaften. Die meiste Hofarbeit wurde deshalb durch meinem Vater und seine beiden Geschwister erledigt.
Davon aber konnte niemand leben und so mussten alle einer Hauptbeschäftigung nachgehen. In aller Regel war das ein schlecht bezahlter Tagelöhner-Job. Weil man es nicht anders kannte, waren aber alle mit ihrer Situation und ihrem bescheidenen Einkommen zufrieden.

Das Leben auf der Jensen-Warft

Bevor wir auf dem Jensen-Hof einziehen konnten und meine Oma und mein Opa nebst zwei nahezu erwachsenen Kindern eine Alternative (zwei Jahre später das kleine Haus in Reimersbude/Eiderstedt) gefunden hatten, mussten wir, die Mini-Familie, zunächst auf dem in die Jahre gekommenen Nachbarhof bei Onkel Anton, Tante Magda und Onkel Fritz Chors (ehemaliger Hamburger) kampieren.

Ich kann mich an diese Zeit zwar nicht so recht erinnern, aber es war wohl für alle kein einfaches Leben.
Der Weg (Fußpfad) vom Chors-Hof zum Jensen-Hof führte über drei Fennen und zwei tiefe Wassergräben. Es war jedes Mal ein kleines Abenteuer, die Gräben mittels der wackeligen, schmalen Bretter an der Hand meiner Mutter zu überwinden.
Man hat mir glaubhaft versichert, dass ich mehrfach ausprobieren musste, wie tief denn so ein Graben eigentlich ist. Je nachdem welche Rinder auf den Fennen grasten, musste man gut zu Fuß sein und auch mal einen Zwischenspurt einlegen.
Diese Erinnerungen an meine frühe Kindheit wurden mir sowohl von den Eltern als auch von Nachbarn zugetragen. Es kann also durchaus positiv sein, wenn man aufmerksame Nachbarn hat.
Da ich in jungen Jahren öfters den Onkel Anton besuchte, kam es auch einige Male vor, dass die Bretter über die Gräben zu schmal waren oder ich mein Gleichgewicht verlor. Aber ich habe es immer wieder geschafft, aus den Gräben rauszukrabbeln. Einen Stock, um die bösen, launischen Viecher abzuwehren, habe ich aber stets dabei gehabt, dass musste ich auch meiner Mutter versprechen. Die Gräben stellten richtige Hindernisse dar und führten immer Wasser, mal mehr, mal weniger. Um die Gummistiefel zu fluten, reichte es allemal, den unfreiwilligen Freischwimmer konnte man allerdings erst nach einigen Regentagen absolvieren.

Bauernhof-Romantik – Reetdach, Ditten und Petroleum

Der Hof auf der Jensen-Warft war ein sanierungsbedürftiges friesisches Bauernhaus aus dem 18. Jahrhundert. Heute würde dieses Haus unter Denkmalschutz stehen. Von Bauernkaten-Romantik keine Spur, das harte Leben setzte andere Prioritäten. Wohl dem, der das nötige Kleingeld für eine erforderliche Sanierung hatte. Meine Eltern hatten quasi nichts, denn sie mussten ja bei null anfangen.

Unser altes Haus hatte ein Reetdach, einen Giebel, war 24 x 10 m groß, in Ost-West-Ausrichtung gelegen, mit großer Diele und kleinen Räumen sowie mit einem Kachelofen in der guten Stube ausgestattet. Es gab weder Strom noch fließendes Wasser! Dafür roch das ganze Haus nach Petroleum, ein penetranter Duft, den ich heute noch in der Nase spüre, obwohl er nicht mehr vorhanden ist.
Wir tranken das gleiche Wasser wie unsere Viecher, aus dem Noss (Wasserbehälter im Stall aus Beton).
Wenn das Durstgefühl ihn packte, nahm mein Vater ein Glas aus dem Küchenschrank, ließ es volllaufen, hielt es ins Licht, und wenn er genügend Wasserläuse entdeckte, sagte er: Dat Woder is gout! – und trank es genüsslich. Eine weitere hausinterne Wasserquelle mit antiquitätenmarkt-verdächtiger Schwengel-Pumpe stand in der Waschküche. Mit ihr konnte man Wasser aus dem Sod (Zisterne unter der Waschküche) hochpumpen, eine rostbraune Brühe, zum Stall-Schrubben bestens geeignet. Die Braun-Färbung kam vom Reetdach, auch war das Wasser etwas abgestanden, trinkbar nur für widerstandsfähige Wüstenbewohner oder dürstende Schiffbrüchige.
Die Mauern im Stallbereich waren mit Lehm aufgesetzt, die Stallfenster aus Gusseisen. Im Wohnbereich waren die Mauern bereits mit einem Kalk-Sand-Gemisch aufgesetzt, die Holzfenster klemmten oder waren morsch. Im Winter zog es so lange in den Räumen, bis genügend Schnee auf der Innenseite der Fenster lag oder man die Ritzen zugestopft hatte. Geheizt wurde mit Ditten (getrocknete Kuhfladen). Hierfür wurde der Kuhmist auf der Südwest-Seite der Warft verteilt, durch die Sonne getrocknet, dann mit dem Spaten gespittet und auf dem Boden trocken gelagert. Stets ging von diesem Ditten-Haufen ein betörender Geruch aus, der nur mit 4711 zu neutralisieren war.
Der Kachelofen stand in der Stube und wurde nur an Festtagen angemacht. Das Leben spielte sich ja in der Regel in der Wohnküche ab, dort stand der Herd (ist Goldes wert) und hier wurde ja auch gekocht.

Die Holunder-Gedächtnis-Ecke

Am großen Familientisch wurden die neusten Informationen ausgetauscht, die Lage auf dem Hof besprochen und Aufträge verteilt. Am Tisch ging es stets gesittet zu, das hat unsere Mutter uns beigebracht – bis auf ein Ereignis: Unsere Eltern und wir Kinder saßen brav am Mittagstisch. Es gab – das dritte Mal hintereinander – Flederbeersup met Klümp (Holunder-Suppe mit Klößchen). Dass für mehrere Tage gekocht wurde, war ja völlig normal, aber diesmal: „Häs nichs anners as Flederbeersup?", fragte mein Vater etwas verlegen. „Nein", entgegnete meine Mutter, „die muss aufgegessen werden!"
„Son Schiet", sagte mein Vater vor sich hin. Diese Aussage bezog sich nicht konkret auf die Fliederbeer-Suppe.
Meine Mutter muss es offensichtlich so verstanden haben, denn sie nahm die Suppen-Kelle, füllt diese mit Suppe und schepperte diese oben an die Wand in der Küche, nahe dem Fenster.
Meiner Mutter sah man an, dass sie böse war, sie verschwand dann wortlos Richtung Stall. In unseren Gesichtern sah man Betroffenheit und Ratlosigkeit. Wir blieben bedröppelt und mucksmäuschenstill zurück.
Es wurde kein Wort gesprochen. Als alle aufgegessen hatten ging jeder schnurstracks nach draußen.
Noch wochenlang sah man in der Küche den großen blauen Fleck.
Hin und wieder machten wir uns über die Fliederbeer-Aktion lustig – aber nur wenn Mutter nicht anwesend war.
Mehrfach wurde versucht, den Fleck zu übermalen, sogar eine Tapete wurde darübergeklebt – nichts half, der Fleck kam wieder.
Hätte der neue Besitzer nicht grundsaniert, die Holunder-Gedächtnis-Ecke wäre noch stets sichtbar.
Meine Mutter war eine gute Köchin. Sie hat es stets verstanden, aus einfachen Sachen etwas Leckeres zu zaubern. Mit einem Eimer voll Heringe für nur 20 Pfennige ist dies aber nicht so einfach, insbesondere dann, wenn es öfter Heringe gibt. Also gab es gebratene Heringe, in Sauer, eingelegt (für die Nachwelt) usw. Pfannkuchen backen geht da

wesentlich einfacher. Vielleicht ist es verständlich, wenn ich heute noch mein Gesicht verziehe, wenn ich Heringe sehe – wenngleich es bei Weitem kein Arme-Leute-Essen mehr ist.

Errungenschaften des täglichen Lebens

An die erste weltbewegende Errungenschaft, die Einzug auf der Jensen-Warft hielt, kann ich mich nur schwach erinnern: Eine Strom-Leitung (Überland-Leitung) wurde gebaut und versorgte uns mit Strom. Nach und nach wurden die Wohnräume und der Stall mit Schalter, Steckdose und Lampe ausgestattet. Es gab Licht! Das war besonders in der dunklen Jahreszeit ein echter Luxus. Zwar wurde in den Folgejahren nicht auf das Petroleum verzichtet, denn Strom kostete ja Geld, aber es war ein Segen, dass man Licht einschalten konnte. Mein Bruder Matthias und ich hatten sogar ein eigenes Bett. Ein Bett für zwei, versteht sich. Dafür hatten wir eine original dreiteilige Seegras-Matratze.

Die roch zwar nicht mehr nach Seegras, sondern leicht anders – war wohl schon länger im Einsatz, auch für Bettnässer?

Diese anti-ergonomische Matratze hatte farblich abgestimmte große Flecken. Gleichwohl hatte sie für kurze Liegezeiten (aufgrund der Knöpfe) eine gewisse Massage-Wirkung.

Das Bettzeug war aus eigener Produktion, selbst die Daunen waren von eigenen Gänsen.

Unser Schlafzimmer, oder Kinderzimmer, oder Abstellraum grenzte im Süden direkt an die Stallmauer. So war es uns möglich, wenn wir mal nicht schlafen konnten, den Geräuschen der Tiere im Stall (Schnaufen, Rasseln der Anbinde-Vorrichtung, Stoßen der Hörner gegen die Mauer usw.) zu lauschen. Kalte Füße hatten wir beide nie, denn Beine und Füße lagen ja nebeneinander. Ich durfte am Kopfende liegen, mein Bruder musste – bis wir unsere eigenen Betten bekamen – am Fußende nächtigen.

Eine echte Revolution fand dann in der Küche statt. Der lang ersehnte

Küchenherd wurde beschafft! Ein Gasherd war es, der meiner Mutter das Hausfrauen-Leben ungemein erleichterte. Es musste vor dem Kochen – und war es nur Wasser – nicht mehr der Herd-Ofen angezündet werden, sondern ein Klick mit dem Schalter und ein Streichholz genügte, und Feuer zum Kochen sowie Backen war sofort da – zur damaligen Zeit einfach super! Angeschlossen war der Gas-Herd an eine Propan-Butan-Gasflasche, für die draußen an der Küchenwand extra ein kleiner Verschlag mit Tür vorgemauert wurde. Das größte Problem jetzt für meine Mutter:
Sie konnte nur ahnen, wann die Flasche leer war, und dann musste eine neue geholt und angeschlossen werden.

Der Autor in jungen Jahren

Das konnte anfangs nur mein Vater, der dann mit dem Pferdefuhrwerk bei der Hauptgenossenschaft am Hafen eine neue Flasche holte.
Später war stets eine Reserve-Gasflasche da und auch ich konnte diese zur großen Erleichterung meiner Eltern anschließen.
Das Outfit des Autors (in jungen Jahren) stammt aus Ingeborgs Junior Fashion Store. Ich versichere, dass alle Bekleidungsstücke selbst angefertigt wurden.
Was ich nie vergessen werde und was mich quasi als eine Art Trauma immer noch verfolgt, war die nett gemeinte Frage von Nachbarn: „We bis du denn, min Jung, min lütt Schietbüttel?"
Meine spontane Antwort damals: „Jische-Abbe-Jische!"
(Übersetzung in Neudeutsch: Jens Alfred Jensen)
Auch wenn man mich heute nicht mehr damit ärgern kann, bisweilen wurmt mich diese Kindheitserinnerung immer noch. Warum genau? Hat wohl etwas mit meiner früheren Sprachbegabung zu tun.

Tante Meier

Ich weiß nicht mehr genau, wann ich das erste Mal den Begriff Toilette hörte. Tante Meier war uns allen in der Kindheit geläufig. Möglicherweise in der Schule, denn dort wurde man über neue Dinge aufgeklärt, dort gab es auch diese neuartigen Sitzgelegenheiten mit automatischer Wasserspülung.
Dass auf dem Plumpsklo der Po vom Zeitungspapier mit der Zeit etwas schwarz wurde, konnte man selber ja nicht sehen, auch bei der Sauberkeit mussten halt gewisse Abstriche gemacht werden. Unzweckmäßig waren allerdings weiße Unterhosen! Die Hygiene kam erst später ganz groß raus. Gegenüber der Latrine, die ich später bei Übungsplatzaufenthalten beim Bund kennenlernen durfte, war Tante Meier ausgesprochen komfortabel. Auf unserer Tante Meier war man den Kühen ganz nahe, direkt am Mistgang – aber in einem eigenen Häuschen geschützt. Man blieb quasi vor den Mist-Spritzern der Kühe – besonders bei Durchfall – verschont.

Das ganz Besondere: Unsere Tante Meier hatte sogar ein eigenes Fenster mit Blick von der Warft auf die Fennen und den Feldweg von der Straße zu unserem Haus (500 m lang). Man konnte so direkt sehen, wer uns besuchen wollte – sehr praktisch. So konnte man da auch etwas länger verweilen und den einen oder anderen (geschenkten und veralteten) Zeitungsbericht in Ruhe lesen. Etwas Geduld und Fantasie musste man beim Lesen aufbringen, da man die Texte nur ausschnittweise, auf gerissenen, losen, zum Teil auch aufgeschnürten Blättern vorfand.

Das Schicksal des Erstgeborenen

Als Erstgeborener oder auch als Ältester wird man zwar anfangs verhätschelt und getätschelt, aber im Prinzip hat man die Arschkarte gezogen. Obwohl man noch viel zu jung ist, um auf seine Geschwister aufzupassen, wird man dennoch häufig für diesen Erziehungsauftrag eingeteilt. Immerhin dauerte dieser Nebenjob meine gesamten Kinder- und Jugendjahre. Alle drei Jahre kam ein Geschwisterchen dazu: Matthias, Angelika, Susanne, Brigitte und Iris, wobei ich bei den zwei Letztgenannten kaum noch einspringen und helfen brauchte. Viele Erinnerungen habe ich an diese Helferaufträge nicht mehr, ich denke, das meiste ist verdrängt worden.

Einige brisante Erinnerungen sind geblieben: Als ich Angelika einmal aus den Augen verloren hatte, sie nicht mehr im Stall war, gab es zunächst helle Aufregung, alle rannten los entlang der Gräben, die die Warft umgaben – möglicherweise nahm sie gerade ein Bad –, um sie dann spielend und froh gelaunt bei den kleinen Katzen im unteren Stall zu finden.

Brigitte hatte uns alle einmal in panische Schock-Starre versetzt. Was ihr niemand zugetraut hatte, sie war auf der langen Leiter (8 m), die am Korndiemen stand, emporgeklettert und oben angekommen wusste sie natürlich nicht, wie's weitergeht. Ich bin mit schlotternden Knien ebenfalls hochgeklettert und zusammen mit ihr, Sprosse für

Sprosse, ging es wieder nach unten, um schließlich festen Boden unter den Füßen zu haben. Brigitte war völlig relaxt und sich keiner Schuld bewusst, auch verstand sie unsere Aufregung nicht.
Wir älteren Geschwister mussten nicht nur auf die Kleinen aufpassen, nein, es gab jede Menge Arbeiten auf dem Hof, die auch für Kinder geeignet waren (jäten, harken, hacken, Rinder treiben und füttern, auf Gänseküken aufpassen, usw.)
Das Leben meiner Eltern war von Entbehrungen geprägt, sie hatten weder sonntags noch feiertags frei. Einen Kurzurlaub haben sie sich erstmals kurz vor der Goldenen Hochzeit gegönnt.

Jungs parieren – Mädchen sind anders?

Wir Kinder standen im Mittelpunkt der elterlichen Bemühungen, wir sollten es einmal besser haben. Obwohl alle Kinder die gleiche Liebe und Zuneigung erfahren sollten, wurden die Kleinsten unbewusst vorgezogen, die Größeren mussten funktionieren, was wir auch taten. Wir taten es sogar gerne, denn wir haben gespürt, wir sitzen alle im gleichen Boot.
Meine Mutter hatte sehr schnell gemerkt, dass sich die Erziehung der Mädchen etwas schwieriger gestaltet. Auch wenn die fünf Mädels (meine Mutter und ihre vier Töchter) ein sehr inniges Verhältnis hatten, so ist jeder bewusst, dass Mutter zeitweilig recht subtile Methoden der Erziehung anwandte.
Z. B. hat sie nach einem Disput mit Susanne tagelang kein Wort mit ihr gesprochen. Es grenzt hart an Psycho-Terror. Andererseits hat sie ihr jede Unterstützung zukommen lassen, Miss Pellworm zu werden. Man könnte meinen, sie hat sich mit dieser Misswahl identifiziert, auf jeden Fall war es für sie eine Genugtuung. Da nie wieder eine Wahl durchgeführt wurde, ist die Miss noch stets amtierend – auch wenn Susanne zwischenzeitlich geringfügig älter geworden ist.
Unterm Strich steht fest, die Mädels waren ein eingeschworenes Team, ein Herz und eine Seele!

Die Schicksalsgemeinschaft der fünf Mädels hält mittlerweile seit 50 Jahren. Auch wenn sich gewisse Risse abzeichnen, die Chemie in der Zusammengehörigkeit stimmt noch weitgehend.

Das harte Brot des Tagelöhners

Mein Vater fand nach anfänglicher Tagelöhner-Arbeit eine Festanstellung beim Marschenbauamt und musste bei Wind und Wetter, Jahr ein, Jahr aus am Deich körperlich sehr schwer arbeiten. Er musste dort Diekdecken, was so viel bedeutet wie: Dort, wo es am Deich keine Steinkante gab, den Schlagbereich der Wellen mit gedrehten Schilfstreifen (früher mit Stroh) besticken. Von dem Erlös von Schafverkäufen und seinem ersten Lohn kaufte er sich dann ein Moped – Marke RIXE. Damit entfielen dann die beschwerlichen Fahrradtouren zum Deich auf dem Milchrad. Auf der Suche nach Anerkennung und Bestätigung fand auch mein Vater allmählich seine Bestimmung. Er konnte Gefühle nicht zeigen, was ihm schwer zu schaffen machte. Wenn man ihn näher kannte, wusste man, dass er ein ehrlicher, aufrichtiger Typ war, der sich als Ernährer der Familie sah.
Vater hatte im Allgemeinen eine fast unendliche Geduld, bis der Geduldsfaden riss, was Gott sei Dank nur selten vorkam. Wir Kinder mussten dann schnellstmöglich das Weite suchen, denn einem jähzornigen Vater Auge in Auge gegenüber – ging gar nicht. Unzufrieden mit seinem sozialen Status, dabei stets eifrig und ideenreich, entwickelte er eine gewisse Art von Bauernschläue, einen unterschwelligen Humor und er hatte den Schalk im Nacken.
Mit der Zeit entwickelte auch er Empathie und eine eigene Gefühlswelt, die man nur erkannte, wenn man eng bzw. intensiv mit ihm zu tun hatte. Sehr bedauerlich ist, dass er seine wirklichen Fähigkeiten nie in hinreichendem Maße unter Beweis stellen und ausleben konnte, ihm fehlte ein selbstloser, aufrichtiger Förderer.

Mutter und Bäuerin

Die Rolle meine Mutter wuchs mit der täglichen Aufgabenstellung als Familienoberhaupt und Bäuerin. Sie musste funktionieren, besonders auch als Mutter und Ehefrau und nicht zu vergessen: als Neu-Pellwormerin! Dabei muss gesagt werden, dass sie das Melken der Kühe (2 x am Tag mit Kopftuch, Schürze und Schemel) auch erst lernen musste. Genauso, wie das Füttern, Ausmisten und Einstreuen, usw. (siehe TV-Serie: Bauer sucht Frau).
Diese Arbeiten mussten jeden Tag erledigt werden, Kranksein war nicht möglich. Trotz dieses hohen Arbeitspensums auf dem Hof, mit uns und mit ihren eigenen Problemen, haben wir unsere Mutter eigentlich nur fröhlich und zuversichtlich erlebt. Selten, wenn sie mit sich selber und der Welt nicht zurechtkam, weinte sie schon mal heimlich. Über Probleme und Sorgen wurde kaum gesprochen, jeder ging davon aus, dass der andere ja weiß, worauf es ankommt.

Trautes Familienglück

Es gab Momente in meiner Kindheit, an die ich mich gerne und mit einem guten Gefühl erinnern kann. Das Foto hat einen solchen glücklichen Moment erwischt, wo unsere kleine Familie einträchtig und gut gelaunt eine kurze Zeit zusammen verbringt. Solche Momente mit den Eltern gaben mir so unendlich viel, nicht nur das Gefühl von Geborgenheit und Zuneigung.
Meiner Mutter war eigentlich – dank ihrer streng konservativen Erziehung – ein wohl situiertes, behütetes Leben in einem ansprechenden Wohnumfeld in die Wiege gelegt worden. Die schrecklichen Ereignisse der Flucht, die einsame Hilflosigkeit beim Neuanfang auf Pellworm und die Tatsache, dass sich all ihre Träume in nichts aufgelöst hatten, änderten ihre Lebensumstände schlagartig. Sie machten ihren Charakter hart (zu sich selber), etwas misstrauisch und zurückhaltend.
Keineswegs hat sie jedoch den Anspruch auf gute Sitten, gutes Benehmen und musische Bildung aufgegeben. Uns Kindern wurde ja früh beigebracht, was man darf (was sich schickt) und was man nicht darf. Selbstbeherrschung war das Stichwort – meiner Mutter wurde früher Contenance beigebracht. Bei den äußerst konservativen Pellwormern kam ihr Verhalten daher aufgesetzt, etwas eitel und überheblich an, na ja, sie war ja Flüchtling, eine Fremde und sprach auch noch Hochdeutsch. Damit stand fest, sie ist keine Pellwormerin und wird es nie werden.
Von unserer Mutter haben wir das Durchbeißen gelernt, nicht aufzugeben und uns immer selber treu zu bleiben. Wir alle sind unserer Mama dankbar, dass wir diese Eigenschaften erfahren durften und geerbt haben.

Woll-Büx

Meine Mutter entwickelte eine besondere Kreativität mit Nadel und Faden, mit Häkeln und Stricken.
Geld für Anziehsachen für Eltern und Kinder war nicht da, es wurde selber geschneidert und gestrickt. Besonders für uns Kinder saß sie

oft bis spät in die Nacht hinein beim Petroleum-Licht und hat ohne Anleitung gestrickt, z. B. Pullis, Strümpfe und Woll-Büxen für Matthias und für mich.

Ein edles Stoffteil, diese Woll-Büx, mit viel Liebe handgestrickt, nicht unbedingt modisch, gleichwohl angenehm warm – zumindest im Winter.

Etwas gekratzt hat das Strickwerk schon, aber was soll's – bei Ritterspielen hätte sich die Wollbüx – wegen der Dicke und der Widerstandsfähigkeit – bestimmt gut gemacht.

Modische Aspekte – einschließlich einer gewissen Übergröße (Größe 4 XL für Minis) – lassen wir mal außer Acht, denn in dieser Zeit war selbst der Pfennig gold wert. Eine gewisse Traurigkeit überkam meine Mutter, weil die Woll-Büx nicht die erhoffte Begeisterung beim Träger

Zwei Wollbüxen-Träger (JAJ & MJ) beim freiwilligen und unfreiwilligen Foto-Shooting

auslöste, auch, weil die anderen Kinder meinen Bruder und mich etwas bemitleidend anschauten und belächelten. Gegenüber meinem Bruder war ich allerdingst deutlich im Vorteil, ich brauchte keine getragenen Woll-Büxen anzuziehen.

Kinken-Tüch

Besondere Highlights zu Weihnachten waren für uns Kinder nicht nur der Tannenbaum, Weihnachtsganz, kleine Geschenke und Futjens, nein, ganz lecker fanden wir alle das sogenannte Kinkentüch.
Letztes Jahr vor Weihnachten habe ich es ernsthaft versucht, hier in Bredstedt und Umgebung Kinkentüch zu bekommen. Waren doch die konkreten Erinnerungen an dieses leckere, aber trockene und sehr harte Gebäck mit diesem ganz besonderen Geschmack – futsch!

Nach Pellworm wollte ich deshalb nicht fahren. Also, wer aus dem Bekanntenkreis kennt Kinkentüch und weiß, wo man es bekommt? Gar nicht so einfach – Kindjestüch wollte man mir verkaufen, sollte das Gleiche sein, auch so schmecken.
Zu guter Letzt wurde mir von verschiedenen Seiten Bäckerei Nissen empfohlen – die hätten Kinkentüch. Also nichts wie los – aber oh Schreck, teuer wie Gold – das kann's doch nicht sein, Kinkentüch war früher – wie Heringe – Arme-Leute-Essen.
Und jetzt 4 Euro pro Stück? Geht gar nicht! Aber probieren wollte ich trotzdem und – wurde enttäuscht – kein richtiges Kinkentüch! Aufgeben? – Nein, jetzt beginnt die Suche nach Kinkentüch auf's Neue – auch auf Pellworm bei Martin Jansen oder Anita Mextorf – wenn schon, denn erst recht!

Genuss aus der braunen Flasche

In jungen Jahren hatte ich bereits meine Dschungel-Camp-Erlebnisse auf der Jensen-Warft auf Pellworm, dafür musste ich nicht nach Australien reisen oder bei RTL anheuern. Lebertran, eine Gabe böser Götter als täglicher Fluch für unschuldige junge Pellwormer. Jeden Tag ein Löffel aus der braunen Flasche. Macht stark und widerstandsfähig – wogegen oder wofür? Keine Ahnung. Aber eines weiß ich noch heute: Es war ein widerliches Gesöff! Es hat nicht nur furchtbar gerochen, es hat noch weitaus schlimmer geschmeckt. Dr. Bob (der Dschungel-Doktor aus der RTL-Serie Dschungel-Camp) hätte es verboten, aber wir haben es gemacht: die Nase dichtgehalten, an nichts Schlimmes denken und runter damit. Danach schnell etwas kalten Kaffee oder etwas Ähnliches hinterhertrinken, damit der fiese Geschmack unterdrückt wird bzw. weggeht.
Diese Art von Folter haben alle meine Geschwister mitmachen müssen, bis Mutter erkannte, dass Lebertran wohl doch nicht das allseits propagierte Allheilmittel ist und nicht so überzeugend wirkt.

Jamu – ein indonesisches Heilgetränk

Meinem Schwiegervater Johannes (Johannes Christian, mein Vater hieß Johannes Peter) sah in meinen Augen, dass ich wohl einen nervösen Magen hatte, da würde nur Jamu helfen.
Jamu ist ein traditionelles indonesisches Heilmittel auf pflanzlicher Basis (gebrauter Pflanzensud). Es riecht schrecklich und schmeckt zum Erbrechen – aber es muss ja runter. Also ist wie früher beim Lebertran eine neue Härteübung angesagt. Jedes Glas für mich ist eine neue Mutprobe!
Das Problem: Es half nur, wenn man dran glaubte!

Pellworm – und die Welt da draußen

Als Kinder haben wir zunächst nicht gemerkt, dass wir auf einer Insel lebten. Wohl hörte man von Erwachsenen, dass außerhalb von Pellworm auch noch eine andere Welt existierte, aber wir waren damit zufrieden, was wir hatten. Alles war überschaubar, wir konnten überall hin und es wurde nichts geklaut. Bei uns war die Welt noch in Ordnung. Selbst Fernsehen war für uns einmal pro Woche erlaubt. Diesen Service für uns Kinder hatte Onkel Johann, der in einem kleinen Häuschen nahe der Schule wohnte, ermöglicht. Onkel Johann war Rentner, half hin und wieder bei meinen Eltern auf dem Hof. Mit großer Freude bewältigten wir den einen Kilometer langen Fußweg zu den beliebten Sendungen wie Spiel ohne Grenzen mit Klaus Havenstein oder wie Fury, später Lassie und auch Bonanza.
Auf einen eigenen (Schwarz-Weiß) Fernseher mussten wir noch einige Jahre warten.

Aufklärung

Natürlich wurden wir auch aufgeklärt, über Mondwechsel, wie viele Lämmer ein Schaf bekommt, über Gänseeier usw.
Richtig spannend wurde es allerdings eines Tages im Sommer, am 13. Juli 1955, bei der Heuernte in der Oster-Fenne.
Meine Mutter saß auf der Harkmaschine, die von Lotte, unserem Pferd, gezogen wurde. Für uns Jungs war es nicht's Besonderes, dass meine Mutter einen dicken Bauch hatte. Sie hatte wohl zu viel gegessen, so die überzeugenden Erklärungen. Plötzlich war sie weg, einfach aus der Fenne vom Erdboden verschwunden.
Da ich mit Harken und mit meinem nervenden Bruder Matthias beschäftigt war, hatte ich es gar nicht mitbekommen, dass sie sich abgesetzt hatte. Mein Vater direkt: Mutter ist oben im Haus, sie darf jetzt nicht gestört werden, der Klapperstorch ist bei ihr. Ok, haben wir beiden Jungs gedacht, wir stören auch nicht und helfen hier weiter

Harkmaschine

im Heu. Abends wurde uns Schwesterchen Angelika gezeigt, die angeblich der Klapperstorch überraschend gebracht hatte. Kommentar meines Vaters in einer ruhigen Minute, als der Matthias nicht dabei war:
„Du glaubst doch nicht mehr an den Klapperstorch, oder?" „Nein, natürlich nicht", war meine Antwort und mein Vater war zufrieden. Dennoch hätte ich einige Fragen gehabt, denn alles hatte ich von den großen Jungs noch nicht mitbekommen. Aber den Vater fragen, nein, so blöd kann man doch nicht sein.

Pott-Eten

Das Beste an den Geburten meiner Geschwister war das Topf-Essen. Die Nachbarn versorgten uns für die Zeit, in der Mutter ans Wochenbett gefesselt war, mit Essen. Das war meistens ein Festessen, unheimlich lecker, reichlich und mit Nachtisch. Aber eines hatte ich zu der Zeit nicht verstanden: Wenn es doch keinen Klapperstorch gibt, wieso hat er denn der Mama ins Bein gebissen und sie muss daraufhin fast eine Woche das Bett hüten?
Anlässlich meiner Goldenen Konfirmation habe ich einige Recherchen durchgeführt, wen ich auf Pellworm bzw. von früher her noch kenne. Mithilfe meiner Geschwister kam ich auch auf die Namen unserer ehemaligen Nachbarn im Großen Koog.
Auch meine Mutter erinnerte sich gerne an die Nachbarn von früher. „Ja, mit Anita (Backsen), das war eine schöne Zeit, sie hat uns mehrfach ganz leckeres Pott-Eten gebracht." Mutters Aussage war für mich Anlass genug, mich im Telefonbuch von Pellworm nach Anita Backsen zu erkundigen.
Geschafft! Ich hatte ihre Telefonnummer gefunden.
Meine etwas sonderbar anmutende, aber ehrenwerte Absicht war es, mich bei ihr für das leckere Pott-Eten zu bedanken. Unter der herausgefundenen Telefonnummer meldete sich jedoch eine Elke Backsen.

„Entschuldigen Sie bitte", sagte ich, „eigentlich wollte ich gerne Anita Backsen sprechen. Ist das möglich?"
„Ja, das ist möglich, ich bin die Tochter, ich hole sie gleich, aber zunächst möchte ich wissen, wer du bist? Einen Jens Jensen kenne ich nicht, wohl einen Jens Alfred Jensen, der ist mit mir zur Schule gegangen."
Jetzt war ich in der Bredouille – Elke kannte mich – ich kannte sie nicht, wie komme ich aus dieser Nummer heraus?
Gott sei Dank meldete sich plötzlich – für mich nach gefühlter Unendlichkeit – Anita Backsen.
Ohne weiter nachzudenken, sagte ich ihr: „Es sind zwar einige Jahre ins Land gegangen, ungefähr 64, aber ich möchte mich dennoch auf diesem Wege bei dir recht herzlich für das leckere Pott-Eten nach der Geburt meines Bruders im Juni 1953 bedanken und mich gleichzeitig entschuldigen, dass ich etwas spät dran bin."
Es folgte eine längere Pause und ich hörte ein unverständliches Tuscheln im Hintergrund.
Dann hörte ich am anderen Ende des Telefons: „Tja, ich weiß nicht so recht, was ich dazu sagen soll, ich bin eigentlich sprachlos, so etwas habe ich noch nie erlebt!"
„Das freut mich!", entgegnete ich.
Anita ergänzte: „Wenn ihr mal auf Pellworm seid, müsst ihr unbedingt vorbeikommen, ok?"
„Machen wir gerne", entgegnete ich.
Wir unterhielten uns noch etwas über die vergangenen Zeiten, über die guten alten Tage und mehrfach warf sie ein, dass sie es gar nicht glauben kann, dass sich nach über 60 Jahren jemand bei ihr für das Pott-Eten bedankt.

Glaubensfragen

Schade, dass die wunderschönen Sachen, an die man glaubte, nach und nach verschwinden oder besser gesagt, der Realität weichen.

Wie spannend war es, als ich zu Ostern heimlich hinter der Gardine am Fensterbrett auf den Osterhasen wartete. Der sollte doch endlich kommen und die bestellten Ostereier in unsere vorbereiteten Moos-Nester legen. Aber, hoffnungslos, er kam nie und war doch da.
Weihnachten war für uns Kinder auch stets eine aufregende Zeit. Mutter Ingeborg hatte unser Haus weihnachtlich toll geschmückt. Es strahlte eine harmonisch festliche Atmosphäre aus. Wir Kinder waren sehr beeindruckt, es hätte uns fast umgehauen. Ja, man brauchte nur in unsere Gesichter zu sehen, so stellten wir uns Weihnachten vor. Bekanntlich ist ja die Vorfreude wichtiger als die Freude selber. Bei uns war es tatsächlich so. Auch wenn wir wussten, dass es keine großen Geschenke gab, die Vorfreude, die Anspannung machte uns alle hibbelig. Natürlich freuten wir uns auf den leckeren Gänsebraten, mehr noch aber auf unseren Bunten Teller. Jeder von uns bekam einen weihnachtlich gestylten Pappteller, gefüllt mit Nüssen, Apfelsinen, Naschies und am wichtigsten: Marzipanbroten!
Mittags durften wir ja schon die Futjens essen. Direkt aus dem heißen Fett in Zucker getunkt – davon konnte man nicht genug bekommen. Dazu gab es Fruchtsuppe, was nicht aus dem Garten kam, wurde aus dem Glas dazugegeben.
An solchen Feiertagen waren wir brav wie selten und innerlich so aufgeregt, dass wir eigentlich zu nichts zu gebrauchen waren, auch redeten wir wirres Zeug und waren voll von der Rolle. Bei mir führte die sehnlichst erwartete Bescherung dazu, dass ich bereits um 15 Uhr in der Kirche war, obwohl der Familiengottesdienst erst um 17 Uhr begann. Und das einige Jahre in Folge. Ungeduldig warteten wir abends nach dem köstlichen Essen (wir bekamen kaum einen Bissen runter und waren schnell fertig) auf den Weihnachtsmann und seinen Gehilfen Knecht Ruprecht. Die beiden haben wir allerdings nie zu Gesicht bekommen.
In einem Augenblick unserer Unachtsamkeit müssen sie dagewesen sein, um uns Geschenke zu bringen.
Wir Kinder hatten gedacht, wenn die beiden nicht da sind, brauchen wir auch keine Gedichte aufsagen. Es war jedes Mal ein Krampf und

eine große Überwindung. Man bekam kein Wort raus und war derartige Auftritte nicht gewohnt.
Aber weit gefehlt, Gedichte aufsagen gehört zu Weihnachten und darauf wurde bestanden, zumindest in den ersten Jahren.
Meinen Geschwistern konnte ich glaubhaft versichern, dass ich als Ältester die beiden Gestalten, den Weihnachtsmann und Knecht Ruprecht, schon mehrfach getroffen hatte. Das kam gut an.
Problematisch für mich und meine Geschwister war der Buschemann. Eine Drohgestalt aus dem Dunkeln – hässlich und furchterregend –, der kleine Kinder wegholte, wenn sie unartig waren. Ich glaubte nicht wirklich an den Buschemann – aber als Kind war ich mir viele Jahre nicht so ganz sicher. Als wenig geeignetes Hilfsmittel der Erziehung, wenn nichts mehr ging zur Einschüchterung, hat der Buschemann stets seinen Zweck erfüllt.
Im Nachhinein finde ich gut, dass wir an solche Märchengestalten geglaubt haben, sie waren eine aufregende, spannende Bereicherung unseres sonst recht tristen Kinder-Alltags. Auch die Märchen, die Mutter uns ab und zu vorgelesen hat, fanden wir alle richtig toll.
Das Besondere an den Festtagen war auch, dass die Familie komplett im guten Zeug am festlich gedeckten Tisch saß. Meine Mutter legte darauf großen Wert. Für uns Kinder waren Weihnachten und Ostern – zunächst unbewusst – wahrhaft sentimentale, ja, melancholische Ereignisse, bei denen man so sein durfte, wie man war. Bei solchen festlichen Ereignissen konnte und durfte man den Alltag wirklich vergessen.

Oma Anne und Opa Jens

Meine erste Reise zu Oma Anne und Opa Jens nach Reimersbude werde ich nie vergessen. Die Reise begann früh morgens mit der Busfahrt (Heinis VW-Bus) zum Hafen.
Mit der MS Pellworm sind wir dann nach Husum geschippert. Obwohl die Fahrt nur 2,5 Stunden dauerte, war es für mich eine Ewig-

keit, ohne Spielmöglichkeiten und ohne Abwechslung. Weil draußen Schietwedder war, war ein Aufenthalt unter Deck angesagt. Zur Auswahl standen der Aufenthaltsraum achtern mit Holzbänken und der Salon vorn mit voluminösen Polster-Garnituren. Dort konnte man bequem sitzen, aber meistens war es hier sehr schnell voll. Von Husum-Hauptbahnhof ging es mit dem Schienenbus zur Haltestelle Reimersbude. Es gab im Schienenbus drei Klassen, wir saßen auf den Holzbänken. Heute gibt es solche gravierenden Statusunterschiede nicht mehr, dafür andere. In unmittelbarer Nähe des Hauses meiner Großeltern gab es auf der Hauptstraße nach Witzwort einen beschrankten Bahnübergang mit Schrankenwärter.
Der hatte nicht so viel zu tun, und deshalb durfte ich ihn auch öfters besuchen. Spannend wurde es, wenn der Eilzug (mit Dampflokomotive) nach St. Peter-Ording vorbeidonnerte.
Bei meinen Großeltern wurde vor jeder Mahlzeit gebetet, das fand ich soweit ganz gut, nicht so gut fand ich das tägliche Essen (außer Pfannkuchen). Aber Schopsfrikassee, Sure Rol oder Schwatsur

(Blutsuppe) mochte ich absolut nicht. Dann gab's eben nur Kartoffeln.
Nach zwei Tagen bekam ich Heimweh und nach einer Woche durfte ich wieder nach Hause auf die Insel. Die Besuche danach liefen etwas entspannter ab, schließlich waren Oma Anne und Opa Jens echt liebe Leute und sie gaben sich mit mir große Mühe. Ich hatte sie gern und ich glaube, sie haben es gemerkt. Auch als sie in Husum in der Lornsen-Straße 7 wohnten, haben Yvonne und ich sie bei unseren Touren nach Pellworm regelmäßig besucht. Auch Yvonne wurde von Oma Anne direkt ins Herz geschlossen, Opa Jens konnte seine Gefühle nicht so zeigen. Ich rechne ihm sehr hoch an, dass er mir zur Abschlussprüfung des Tischler-Handwerkes, welche ich mit Auszeichnung bestanden hatte, eine originale Hobelbank geschenkt hat. Diese habe ich noch heute in Betrieb.

Anbaden

Anbaden

Anfang Mai war auf Pellworm stets Anbaden, eine Art Mutprobe, denn das Nordseewasser war noch recht kalt, aber (fast) jeder konnte schwimmen und war aufgerufen mitzumachen.
Das Baden selber war meist nur von kurzer Dauer. Viel zu kalt war das Wasser und das anschließende Abtrocknen und Anziehen hatte mehr den Charakter eines Wettbewerbs.
Neben Schlittschuhlaufen war Schwimmen quasi das Erste, was man als Kind auf Pellworm lernte. Eigentlich konnte jeder schwimmen, was heute keineswegs mehr der Fall ist.
Im Sommer mussten wir zwar viel helfen, durften aber zwischendurch in den Gräben (natürlich nicht alleine, siehe Foto), in Kuhlen oder im Sielzug baden (der Badestrand am Deich war etwas weit entfernt, wenn man bei der Ernte half). Richtig viel Spaß gemacht hat natürlich auch das Toben und Spielen im Heu.
(Sielzug: Breiter und tiefer Haupt-Entwässerungsgraben, der quer durch die Insel fließt und im großen Speicherbecken am Hafen mündet.)

Badetag

Das Baden im Sielzug oder in den einheimischen Gewässern hatte allerdingst meist ein eiskaltes Nachspiel. Man muss wissen, dass zwar die Wassertemperatur recht angenehm sein kann, am Boden ist jedoch reichlich tiefer, schwarzer Schlamm. Abends war also kräftiges Bürsten angesagt – mit eiskaltem Nos-Wasser. Das aber nahmen wir gerne in Kauf, der Spaßfaktor stand im Vordergrund. Wenn Großwaschtag angesagt war, hatte Mutter alle Zinkwannen in Betrieb – erst die Wäsche, dann wir. Auf jeden Fall war genügend Schaum dabei.

Zum Glück wurde ja nur bei schönem Wetter gewaschen, so konnten wir Kinder es auf der Warft vor der Stalltür gut aushalten. Drinnen wären die Überschwemmungen unmöglich gewesen.

Im Winter wurden wir im Schuppen gebadet. Da stand der Wasch-Kessel, der mit Holz und Kohle beheizt wurde. Der Erste, der hier nach Mutters Wäsche rein musste, war in der Regel ich. Meistens

musste ich die Füße krampfhaft an der Seite halten, denn der Boden war verflixt heiß. Der Nächste – mein Bruder – hatte es schon etwas besser, weil es nicht mehr so heiß war, aber die Wasserqualität nahm natürlich mit der Anzahl der Badenden ab.
Wasser – egal ob Nordsee-, Sielzug- oder Kuhl-Wasser – hatte eine faszinierende Anziehungskraft. Nicht nur zum Baden waren die Wässerchen geeignet, auch zum Bootfahren. Besonders auf dem Sielzug waren unsere Bootstouren aufregend und spannend zugleich. Bei starkem Wind haben wir provisorisch Mast und Segel errichtet (Pferde-Decke), um schneller voranzukommen. Wenn das Boot mal wieder voll Wasser stand, wurde alternativ im hohen Schilf heimlich geangelt oder das kleine Senknetz eingesetzt.
Höchste Vorsicht war geboten, damit der eigentliche Pächter, den man mit seinem Paddelboot kaum ankommen hörte, einen nicht erwischte.

„Bis zum Ende aller Tage“ – „Akiko lebt!“

Es war 1961, eine Sensation auf Pellworm bahnte sich an: Das Fernsehen kam! Unsere Insel wurde Filmkulisse. Ein Spielfilm über einen Pellwormer Seemann, der sich in ein chinesisches Mädchen verliebt und es zwecks späterer Heirat mit auf seine Heimatinsel Pellworm nimmt. Das Drama, das sich entwickelt: Sie wurde dort wie ein Fremdkörper behandelt, einerseits gemieden und ausgegrenzt (mies behandelt, gemobbt), andererseits von den jungen Männern als leichtes Mädchen angesehen, dem man nachstellte. Es sprach sich herum wie ein Lauffeuer. Filmgrößen wie Hanns Lothar und die exotische Schönheit Akiko (im wirklichen Leben hieß sie Anna Suh und war Japanerin) kamen auf die Insel.
Alles, was auf Pellworm gehen oder fahren konnte, begab sich zur Ankunft des Film-Teams zum Hafen. So ein Ereignis durfte keiner verpassen. Damit der Wohnort des Hauptdarstellers (Pellworm) und sein soziales Umfeld im Film möglichst realistisch dargestellt

werden konnten, mussten zahlreiche Komparsen – auch Kinder – vorbereitet werden.
Wir Kinder sollten typische Pellwormer Kinderspiele aus vorangegangener Zeit zeigen (mussten wir auch neu lernen). Es war eine spannende Welt – als wäre es gestern passiert. Meines Wissens war es wohl der erste deutsche Film, der sich – wenn auch Klischeebehaftet – kritisch mit dem Thema Umgang mit Fremden auseinandersetzte.
Dass man mit diesem Film auch den Pellwormern einen Spiegel vorhielt, wurde von der Mehrzahl seinerzeit nicht akzeptiert, gleichwohl hat es einige zum Nachdenken angeregt. Auch in der Folgezeit haben einige wenige Menschen aus anderen Kulturkreisen (z. B. ein Künstler-Ehepaar oder eine Pellwormerin, die einen Schwarzafrikaner geheiratet hat) versucht, auf der Insel Fuß zu fassen, was kläglich scheiterte. Sie wurden von den übrigen Bewohnern ausgegrenzt und haben die Insel wieder verlassen.
An „Akiko“ und an die für sie ungewöhnlich schwierige, ja tragische Situation musste ich denken, als mich Yvonne 1972 das erste Mal nach Pellworm begleitete. Ich wunderte mich, dass so viele Leute – deutlich mehr als üblich – am Hafen waren, um zu gucken, wer da alles so kommt. Im Nachhinein erfuhr ich, dass es sich schnell herumgesprochen hatte, dass Yvonne aus Indonesien mit mir nach Hause kommt. Deshalb der Auflauf am Hafen. Zudem erfuhr ich, dass fast alle Freunde, Bekannte und Nachbarn versucht hatten, meine Eltern davon zu überzeugen, dass meine Verbindung mit einer Indonesierin keine Zukunft hat: „Dat ward nix!“ – „Dat geit nich“ – „Dat kann gornix marn!“ – Siehe da, „Akiko“ lebt.

Ballspiele sind doof

Die Hobbys und besonderen Interessen waren in unserer Kindheit begrenzt. Wie schon beschrieben war im Sommer neben der Arbeit auf dem Hof Schwimmen angsagt. Im Winter – wenn man überhaupt vor die Tür ging – waren Schlittschuhlaufen und Eishockey-Spiele die Highlights. Wir waren fast immer aktiv, Langeweile kam nie auf, und Computer-Spiele oder Vergleichbares gab es nicht.

Ballspiele kannten nur wenige, vornehmlich Fußball, und Amateure durften da nicht mitmachen.

Wir Nicht-Ballspieler konnten mit Bällen auch nichts anfangen, konnten sie weder fangen noch werfen, von Schießen ganz zu schweigen.

Bei Ballspielen waren auch stets Mitspieler gefragt, die bereit waren, Bälle wieder aus den Gräben zu fischen. Jedem war klar, das wäre ein Fulltime-Job, denn die Anziehungskraft der Gräben war enorm.

Dass Ballspiele durchaus Sinn machen, den Teamgeist und die Gelenkigkeit/Geschicklichkeit ungemein fördern, haben wir dann später (zu spät) gemerkt.
Ich muss eingestehen, dass ich als Schüler verdammt ungelenk war und als Ballspieler bestenfalls im Tor versteckt wurde.
Spektakuläre Kindheits-Erinnerungen sind keine weiteren mehr zu vermelden, wohl aber dass man heute in den Gräben am Sielzug (und überhaupt) keine Stichlinge mehr fangen kann, dass man beim Wattlaufen sehr weiche Schlickstellen oder gar ehemalige Baggerlöcher meiden sollte. Denn wenn man in solchen bodenlosen Löchern versinkt, kommt man ohne fremde Hilfe nicht mehr raus.
Deshalb waren wir auch nie alleine im Watt z. B. zum Butt-Treten oder Wattwürmer fürs Angeln auszugraben.
Da in den folgenden Kapiteln wiederholt Kindheits-Erinnerungen beschrieben werden, möchte ich diesen Teil mit den Worten von Richard von Weizsäcker beenden:
Erinnern heißt, eines Geschehens so ehrlich und rein zu gedenken, dass es zum Teil des eigenen Innern wird. Das stellt große Anforderungen an unsere Wahrhaftigkeit.
Die Gedanken über Wahrhaftigkeit waren für mich maßgebend, über meine Geschwister nur marginal zu berichten. Meine Wertschätzung ihnen gegenüber ist sehr hoch und ich mag sie sehr. Drei meiner vier Schwestern sind deutlich jünger als ich. Ich kenne sie viel zu wenig und würde ihnen nicht gerecht werden, wenn ich über sie schreiben würde. Leider hat sich unsere Familie – im Lauf der fast 60 Jahre, die ich nun von zu Hause weg bin – aus vielerlei, durchaus triftigen Gründen auseinandergelebt. Auch unseren Freunden erging es so. Auf Pellworm konnten nur wenige bleiben. Die meisten mussten auf dem Festland – meist aus eigener Kraft – ihre Zukunft aufbauen.
Auch wenn sich unsere Eltern extrem bemühten, die Familie zusammenzuhalten, es konnte nicht gelingen.
Es liegt nun in unserer Hand, das Beste daraus zu machen. Ich denke, jeder ist aufgefordert, sich persönlich einzubringen. Hierzu später mehr.

In der Nachschau betrachtet, muss ich ehrlich und unumwunden feststellen, dass meine Kindheit – neben den vielen Einschränkungen und außergewöhnlichen Erfahrungen – auch glückliche Momente hatte, an die ich mich gerne erinnere.
Die extremen Lebensumstände, die eine nahezu isolierte Insellage mit sich brachte, die Rückständigkeit, die Einfachheit und Mittellosigkeit haben in der vergleichenden Betrachtung, in der Reflexion einen unbewusst prägenden Stellenwert erhalten.
In der objektiven, ganzheitlichen Betrachtung der Kindheitserinnerungen sind es die vielen positiven Erlebnisse, die einzigartigen und nachhaltigen glücklichen Momente, die in meinen Gedanken bleiben und die mich als Mensch maßgeblich prägten.
Jeder Mensch braucht sie, die positiven Erfahrungen und Erinnerungen, denn sie bereichern das Leben. Sie sind Teil der Sehnsucht nach Geborgenheit, Vertrautem und geben ein gutes Gefühl. Sie stärken unsere Persönlichkeit und sind Teil unserer Lebenskultur.

„Wir lernen für's Leben" – Eine Schule für plietsche Insulaner

Meine Einschulung im Jahr 1956 stand unter keinem guten Stern. Voller Stolz zeigte ich allen meinen neuen (neu-gebrauchten) Ranzen mit Grafit-Tafel, Griffel und Schwamm. Zwei Hefte und Bleistifte waren auch im Ranzen. Das Wichtigste, nämlich die begehrte Schultüte mit den leckeren Inhalten, fehlte zunächst. Die war mir jedoch von meiner Mutter hoch und heilig versprochen worden. Auf zum Tierarzt Dr. Polt, denn dort wartete nicht nur meine neue Mitschülerin Elke auf mich, nein, auch meine Schultüte nebst Inhalt. Zu meinem Erschrecken bestand der Inhalt jedoch nur aus zwei Heften, zwei Bleistiften, Anspitzer und Radiergummi, aber wo bitteschön waren die Süßigkeiten? Auch in diesem Fall half die Familie Polt aus. Gemeinsam gingen wir alle zur Schule. Was dann alles passierte, weiß ich nicht mehr genau, aber ich kann mich noch sehr gut daran erinnern, dass unsere Klassenlehrerin am nächsten Tag an uns schier verzweifelte. Für mich stand fest: Schule – das brauche ich nicht.

Moin, Moin! – kann jeder (lernen) – auch der es nicht kann und nicht braucht. Hört sich norddeutsch an, so wie – das Beste am Norden! So gut, so schön – oder doch nicht? Für mich jedenfalls ist es heute eine Befreiung, wieder Platt to schnacken, endlich nach so viel Jahren. Ich bin ja eine ehrliche Haut, habe vieles verlernt, viele Wörter sind temporär weg, ich muss vieles neu lernen, auffrischen, aber mein Dialekt, mein Sprach-Sound ist unverkennbar norddeutsch.

Der Aufkleber auf meinem Auto „Wi snackt platt" war eine Art Wunschdenken, aber auch Identitäts-Mahnung und Aufforderung zugleich.

Min Modder hat ja zu Hause meist hochdeutsch gesprochen, Vadder ausschließlich platt, was für uns – aus heutiger Sicht – von großem Nachteil war. Sprache ist nun mal der Schlüssel für fast alles – der Key-Opener. Erzogen wurden wir, die drei Ältesten, auf/mit Platt. Unser Sprach-Drama begann am ersten Schultag, da mussten wir

uns alle vorstellen, wie wir heißen und ob wir gerne zur Schule kommen. Gewünscht wurde das auf Hochdeutsch, damit das alle verstehen können. Da habe ich schon mal kein Wort rausgekriegt, Sperre, Blockade, was weiß ich. Die meisten sprachen doch platt. Wir plattdütschen Buernkinner mussten also erst mal Hochdütsch leern.
Das hat uns einige Jahre erheblich belastet, nicht nur in den Deutsch-Noten. Auch praktisch war unser Sprach-Repertoire begrenzt. Dabei hatten wir keineswegs den Anspruch, Verbal-Künstler zu werden. Verfolgt hat uns das Unvermögen, vernünftig deutsch zu sprechen und gewandt zu reden, bis in das Erwachsenen-Alter. Später dann kamen die (vorsichtigen) Anmerkungen und Fragen: „Sie sind nicht von hier, sondern, wie man hört, aus dem hohen Norden?“ – „Ceep calm and say Moin!“

In der Schule lernt man fürs Leben!

Diese sinnige Redewendung, gerne während der Schulzeit von Lehrern, Eltern und anderen Erwachsenen verwendet, kennt jeder. Wenn man dann fast erwachsen ist, wird einem klar, dass diese Redewendung wohl eher eine hilfesuchende, argumentative Motivations-Floskel war, denn niemand hat einem erklärt, was man wofür lernen sollte. Zugegeben, einige Lerninhalte waren brauchbar, zunächst der vielversprechende Versuch, einem Inselkind die hochdeutsche Sprache beizubringen, dann einige mathematische Grundkenntnisse, sodass unsereins – im Gegensatz zu einigen Abiturienten – wusste, dass 20 % Rabatt mehr Nachlass bedeuten als 10 % und dass 20 Jahre nach Schulschluss sich niemand mehr für die zunächst so wichtigen Schulnoten interessiert.
Wenn einem dann bewusst wird, dass Lernen kein Selbstzweck ist, sondern der Persönlichkeitsentwicklung dient, dann ist der erste erfolgreiche Schritt in das lebenslange Lernen getan. Zugegeben, ich war als Schüler bestenfalls Durchschnitt. Ich hatte die

guten Noten in den falschen Fächern und war sowohl bei den Lehrern als auch bei meinen Mitschülern ein netter und beliebter Junge. Nur entwickelte ich leider für die Schule keinen Ehrgeiz, keinen disziplinierten Fleiß. Für meine Gutgläubigkeit und Naivität durfte ich noch einiges an Lehrgeld zahlen. Die Bedeutung von Bildung als Türöffner für alle Bereiche erkannte ich als Spätentwickler erst Mitte 20.

Zurück zum Schulalltag

An einem der Folgetage in unserer ersten Schulwoche wurden wir belehrt, dass wir doch sauber, ohne Dreck an den Stiefeln und ohne Stallgerüche zur Schule kommen sollten!
Zu den Verursachern dieser Belehrung gehörte auch ich.
Dabei war ich sogar stolz, dass ich es schaffte, mit dem Milchrad mit mehreren Kannen Frischmilch die 500 Meter Schlammweg vom Hof bis zur Straße zu schieben. Besonders schwer war es, wenn der Schlamm besonders tief war. Nicht nur einmal hätte ich alles beinahe hingeschmissen. In Zeitnot kam ich auch öfters, als ich – vor Schulbeginn – zunächst meinen eigenen Stall versorgen musste, dann erst die Milch zur Straße schieben konnte und dann meinen Fußweg zur Schule antreten konnte. Natürlich war unser Outfit nicht unbedingt für die Schule tauglich, aber ich hatte ja einige Mitstreiter, denen es so ähnlich erging.
Man hat sich dann geeinigt, dass wir unsere verdreckten Gummistiefel im Keller der Schule ließen und in der Klasse, im Haus, Pantoffeln oder Holzschuhe trugen.
Unsere Lehrer konnten sich allerdings nur schwer daran gewöhnen, dass wir Bauernkinder oft keine Hausarbeit gemacht hatten, denn dafür war ja öfters keine Zeit.
Auch wenn uns in der Schule weisgemacht wurde: „Ihr lernt für's Leben“, zu Hause ging die Landwirtschaft vor.
Wollte ein Lehrer den Bauern bei einem der Elternabende von der

Schuluniform

Wichtigkeit der Hausaufgaben überzeugen, bekam er zunächst mal eine erboste Standpauke und hielt sich dann lieber zurück.
Mich hat man früher nur sehr bedingt von der Sinnhaftigkeit der Schule überzeugen können, also: Schule ist sowas von doof!
Unser Schulleiter – auch Rektor genannt – war ein ganz besonderer Typ Mensch. Er war ein sogenannter harter Hund, von den Schülern gefürchtet, bei den Eltern nicht sehr beliebt und nicht immer ernst genommen.

Besonders die übertriebene Strenge gegenüber seinen beiden Kindern hat uns alle tief getroffen.
Seine Tochter Silke war bei mir in der Klasse (elf Schüler/innen) und sein Sohn Ludwig war in der Klasse von meinem Bruder. Auch wenn er uns alle hart rangenommen hat, in seinem Innersten hatte er auch ein großes, gutmütiges Pädagogen-Herz. Hätten wir in diesen entscheidenden Jahren diese strenge, zielgerichtet steuernde Hand nicht gehabt, ich weiß nicht, was aus mir oder einigen anderen geworden wäre. Er hat uns angehalten, hart an uns selber zu arbeiten.
Für ihn war Schule mehr als nur der Ort, wo man die graue Theorie lernt, für unseren Rektor war Schule ein Teil der Vorbereitung auf das spätere Leben. So sollte es ja auch sein.
Wir durften (mussten) nicht nur für die Zeugnisse büffeln, sondern mussten auch praktische Dinge fürs Leben lernen (z. B. was sei beim Kauf einer Waschmaschine zu bedenken?).
Zudem waren wir zeitweilig in einigen Projekten fest eingebunden.

Unser Gast, die „Königin von England“

Rad-Ringreiten beim Schulfest

Ob Schulgarten oder Spielmannszug, ob Theater-Gruppen (z. B. Besuch der Königin von England auf Pellworm oder Fahrradausflüge, stets vermochte er uns auf Trab zu halten. Die Schulfeste hatten einen neuen Stellenwert erhalten mit Fahrrad-Ringreiten und Umzug mit Musikkapellen.
Das größte Projekt – quasi sein grünes Vermächtnis – ist rund um die Hermann-Neuton-Paulsen-Schule zu bewundern. Es sind die vielen unterschiedlichen Bäume und Sträucher, die wir Schüler bei Wind und Wetter in wochenlanger Drecksarbeit angepflanzt haben.
Jetzt sieht es fantastisch aus, eine wirklich beschauliche Oase, ein Ruhepol inmitten der Insel. Doch kaum jemand macht sich Gedanken, wie alles zustande kam. Wir Schüler haben damals diese Fächerübergreifende Aktion in der freien Natur gehasst. Wir konnten damals weder Spaten noch Spitzhacke, besonders aber keine Setzlinge, ob Baum oder Strauch, mehr sehen. Für uns war die Pflanzaktion Sklavenarbeit. Heute sehen wir das wunderschöne Ergebnis und unsere damalige Arbeit etwas anders. Auch diese Weissagung (später denkt

ihr anders darüber) hatte unser Rektor uns mit auf den Weg gegeben. Die Bäume und Sträucher verfolgten uns sogar in anderen Unterrichtsstunden. Im Zeichenunterricht mussten wir alle unterschiedlichen Blätter exakt abmalen. Damit hatte ich schon früher kein Problem, war doch Malen oder Zeichnen eine besondere Begabung von mir.
Das nutzten insbesondere die Mädchen aus, und ich Blödmann bemerkte das nicht.
Bei der Notengebung wurde mir dann empfohlen, auch mal selber etwas für mich zu zeichnen.
An die Übungsstunden im Spielmannszug erinnere ich mich nicht so gerne. Ich war nicht der geborene Flötenspieler – zudem kannte ich keine Noten, trommeln ging da schon eher.
Unseren Klavier-Spieler-Martin haben wir gerne gehänselt, bis ich verstanden hatte, dass er hierfür außerordentlich talentiert war und man ihn zu Recht förderte. Aber kleine und große Kinder sind bisweilen gemein.
Später habe ich ihn mal besucht und seinem Klavierspiel gelauscht. Es war toll und irgendwie habe ich ihn auch beneidet.
Er hatte früh etwas gefunden, das für ihn Ausgleich und Entspannung bedeutete. Bei mir dauerte es etwas länger.
Es ist zwar nur eine Redensart, aber ich hatte mir damals schon geschworen, wenn ich nochmals auf die Welt komme, dann lerne ich Chinesisch und Orgel spielen. Ich hätte es ja später machen können, aber dazu hatte ich nicht mehr den nötigen Mumm.
Was bleibt, sind auch die Erinnerungen an unsere Schulreisen. Eine unserer längeren, mehrtägigen Reisen führte uns nach Hamburg, zur Jugendherberge Am Stintfang. Außer an die Stadt- und Hafenrundfahrt erinnere ich mich an jede Menge Schaumküsse, die wir in der Jugendherberge gegessen haben. Nicht bis zum Abwinken – nein, bis zum Bauchweh! Ich musste mir sogar noch etwas Geld leihen, damit ich mithalten konnte.
Am intensivsten waren die Eindrücke während unserer beiden Radtouren. Im neunten Schuljahr sind wir rund um Schleswig-Holstein geradelt, im zehnten Schuljahr durch Dänemark – bis nach Kopenhagen.

Schulreise: Am Stintfang

Schulreise: Fahrradtour rund um Schleswig-Holstein

Diese Touren werden alle Teilnehmer nie vergessen. Heute verzichten die Lehrer auf solche Projekte, weil diese zu gefährlich sind und zu viel Verantwortung bedeuten. Schade! (Aber irgendwie verständlich.)
Vielen blieben die ersten Tage der Fahrradtouren in schmerzlicher Erinnerung, weil sich so mancher einen Wolf gefahren und oder Muskelkater eingefangen hatte.
Allen bleibt auch in Erinnerung, dass die Ostküste Schleswig-Holsteins und Dänemark viele, und gar nicht mal so kleine Hügel hat.
Für mich waren die geplanten Fahrradtouren anfänglich ein Drama und Hiobsbotschaften. Ich hatte doch kein eigenes Fahrrad und meine Eltern kein Geld, um mir eines zu kaufen, also was tun? Die Lösung: Ich war stolzer Besitzer von drei Schafen.
Die hatte ich als Lämmer (Sörges) bekommen, weil deren Mutter sie nicht haben wollte. Diese Lämmer habe ich mit der Flasche aufgezogen, wobei mehrmals am Tag mehrere Flaschen Milch erforderlich waren. Und jetzt verkaufen?
Ja, es musste sein, es musste ein ordentliches Fahrrad her, damit ich mitfahren konnte. Gesagt – getan. Das erste Fahrrad, welches dann bei Hans Jensen, unserem Schmiedemeister, ankam, hatte zwar 3-Gang-Schaltung (wollte ich unbedingt haben), es war aber ein schwarzes Herren-Tourenrad.
So ein Drama, hatten wir doch ein silberfarbenes Sportrad – kein Rennrad und auch kein schwarzes Senioren-Rad – bestellt.
Also, schweren Herzens: retour!
Aber dann kam das echte Fahrrad, welches alle meine Wünsche erfüllte und auf den Touren eine echter, ein treuer Wegbegleiter wurde.

Verantwortung im Lehrmittelzimmer

In der Hermann-Neuton-Paulsen-Schule hatten Ernst-Detlev und ich eine schul- und lernpädagogisch wichtige Funktion. Wir betreuten hoch offiziell das Lehrmittelzimmer. Stets dann, wenn in einer Klasse für den Unterricht eine Karte, ein Globus (oder mehrere) oder sonstige Lehrmittel benötigt wurden, kamen beauftragte Schüler zu uns und haben diese Utensilien gegen Unterschrift für ihre Klasse ausgeliehen. Nach dem Unterricht erfolgte dann die Rückgabe. Nicht immer hatten wir dort ausreichend zu tun, es gab schon mal Leerlauf. Als ein solcher einmal absehbar war, haben wir zwei Schulfreunde eingeladen, mit uns ein Hörspiel auf einem Tonbandgerät aufzunehmen. Wir spielten eine Szene zweier verliebter Lehrer in einer Besenkammer nach. Wir waren geradezu begeistert von unserem Hörspiel und natürlich von unseren schauspielerischen Fähigkeiten. Bei einem der betroffenen Lehrer, der das Gerät am Folgetag auslieh, hielt sich die Begeisterung bezüglich unseres Hörspiels allerdings in Grenzen. Gesagt hat er uns nichts, aber seine Blicke sprachen Bände.
Ständige, unverzichtbare und treue Begleiter auf unseren Schulwegen waren unsere Gummistiefel. Ohne diese hätten wir wohl täglich nasse Füße bekommen.
Unser Schulweg von der Jensen-Warft zur neuen Zentralschule war nur einen Kilometer weit, davon 500 m auf der Löhn (naturbelassener Feldweg zur Straße). Auf dem Hinweg morgens musste ich ja die Milchkannen auf dem Milchrad bis zur Straße schieben. Das war mühselig und für mich stets Überwindung des inneren Schweinehundes. Auf dem Nachhauseweg nahmen wir uns im Frühjahr und Sommer sogar die Zeit, für Mutter einen Strauß Feldblumen zu pflücken.
Wenn Onkel Anton auf der Warft von gegenüber draußen auf seiner Bank – mit dem Kieker (Fernglas) in der Hand – saß, blieben wir stehen und begannen zu winken. Hin und wieder bekamen wir dabei lahme Arme, denn es dauerte unterschiedlich lange, bis er uns bemerkt hatte. Das aber tat unserer Freude keinen Abbruch. Er

schwenkte dann die Mütze über dem Kopf, bis er nicht mehr konnte. Wir rätseln heute noch, ob Onkel Anton einen zweiten Satz Kleidung besaß. Immer, wenn wir ihn sahen, trug er eine schwarze Hose, einen dunklen Norweger und seine Schipper-Mütz. Zu uns war er immer freundlich, er war ein super Typ.

Jahresarbeit

Am Ende des letzten Schuljahres der Mittelschule mussten wir unsere Jahresarbeit abgeben. Wir haben diese theoretisch-praktische Arbeit „pseudo-wissenschaftliche Beschäftigung für Realschüler“ genannt. Diese wurde benotet, was sich dann auch im Abschlusszeugnis der M10 wiederfand.
Zu Beginn der M10 durfte sich jeder Schüler ein Thema für die Jahresarbeit aussuchen. Der Klassenlehrer hat natürlich bei der Entscheidungsfindung beraten oder auch eine Empfehlung ausgesprochen. So bekam jeder in etwa das, was er sich vorgestellt hatte. Meine Aufgabe für die Jahresarbeit war: Planung und Bau einer Dezimalwaage. Hörte sich zunächst gut an, ich fing auch voller Euphorie an, fertigte eine maßstabgerechte Zeichnung an und bestellte beim Kaufmann einige Materialien. Ja, dann war erst mal Schluss – der Pioniergeist war weg, die Jahresarbeit hatte Pause. Der Wille zur Fertigstellung kam erst nach einigen mahnenden Worten von meinem Vater (hatte ja meine benötigte Arbeitskraft als Ausrede) und vom Rektor.
Tja, jetzt musste ich einige Nachmittage in der Schule verbringen, um die Jahresarbeit fertigzustellen. Mit der Zeit kam die Lust wieder, ich fing wieder Feuer und es lief ganz gut. Die Dezimalwaage entwickelte sich und machte Fortschritte. Sie wurde sogar rechtzeitig fertig – und das Beste: Sie funktionierte wirklich! Wer hätte damit gerechnet.
Mit der Note war ich zufrieden, mit dem durchwachsenen Abschlusszeugnis ebenfalls.

Landwirtschaft –
Ein verdammt hartes Leben

Mit bäuerlicher Romantik hatte die Landwirtschaft vor 60 Jahren nichts zu tun. Es gab weder schwere Schlepper noch Mähdrescher noch digitales navigationsgesteuertes Pflügen. Handarbeit mit kargem Lohn war angesagt. Wer dem nicht gewachsen war, blieb auf der Strecke, griff zur Flasche oder musste Stempeln gehen. „Habe Rücken“ war eine schlechte, vor allem unglaubwürdige Ausrede und wurde nicht akzeptiert. Es gab sie, die Bauern, die viel hatten, denen es gut ging, und jene, die nichts hatten und die täglich hart schuften mussten.

Mein Vater gehörte zu jenen, die für ihr täglich Brot hart arbeiten mussten, die nie wussten, wie sie über die Runden kommen sollten. Lange ist es her und ich denke mit großer Ehrfurcht daran, wie Vater Johannes – oft schimpfend – hinter dem Pflug herlief. Es war in der Tat Schwerstarbeit. Das Schimpfen galt Lotte, eigentlich ein braver Ackergaul, aber, naja, pflügen macht vermutlich auch einem Pferd keinen Spaß. Leider hatten wir nur eine Ackerfenne. Ein Teil davon war abgetrennt für Kartoffeln, Gemüse (z. B. Mairüben), usw. Wir Kinder waren wenig erfreut, wenn die auffordernde Mitteilung kam: „Hüüt Nomidach geit dat in de Röben!“ Rüben verhaken und verziehen war angesagt, für uns eine Sklavenarbeit, tat weh im Rücken und den Knien. Die Fantasie an Ausreden kannte keine Grenzen. Es half nichts. „Gott sei Dank“, aus Vaters damaliger Sicht.

Zu unserem Unglück war Vater mit unserer Arbeit oft nicht richtig zufrieden. Aber da mussten wir durch, hatten dennoch großen Respekt vor dieser Knochenarbeit, die Vater Johannes – oft gemeinsam mit Mama – ja jedes Jahr wieder bewältigen musste.

Lanz Bulldog

Fasziniert, mit großen Augen und offenem Mund stand ich vor der Lanz Bulldog, dieses Ungetüm sollte die Riemen der Dreschmaschine auf dem Hofplatz von Onkel Fritz antreiben. Die Antriebsriemen waren ganz schön lang und waren noch überkreuz gespannt – wie sollte das nur funktionieren. Spannend war das Anfeuern der Bulldog, vorne im Zündkopf. Mit dem Lenkrad des Ungetüms wurde das Schwungrad angedreht – mit mehreren Versuchen. Es dauerte nicht lange, dann kam der Einzylinder mit seinem unvergesslichen und einmaligen bup, bup, bup, langsam schneller werdend in die Gänge. Das mächtige herausragende Schornstein-Rohr der Lanz Bulldog stieß dunkle Rauchwolken – Funken sprühend – im Takt in den Himmel. Diese legendäre Maschine ist für mich noch stets interessant – denn ich habe sie live in jungen Jahren im Einsatz erlebt. Auch den Sound der Dreschmaschine, mit dem unregelmäßigen, chrakteristischen Auf und Ab, werde ich unvergesslich in den Ohren behalten. In unmittelbarer Nähe war jedenfalls eine Unterhaltung nicht möglich.

Dreschmaschinenmeister Jensen

Einige Jahre später taten sich die Bauern zu einer Genossenschaft zusammen und es wurde eine neue Dreschmaschine mit eingebauter Presse gekauft.
Als Dreschmaschinenmeister wählte man meinen Vater. Die ganze Familie Jensen war stolz wie Oskar. Die Euphorie über den neuen Job unseres Vaters wich bald der Erkenntnis, dass es für uns Kinder jetzt deutlich mehr zu tun gab. Wenn die Schule und die Arbeit auf dem Hof es möglich machten, durfte ich öfters den Dreschmaschinenmeister begleiten und konnte so die Maschinen gut vergleichen. Unweigerlich wurde ich dadurch von den Bauern auch als kleiner Kloogschieter (Besserwisser) bezeichnet.

Auffallend beim Dreschen waren die vielen Leute, die man brauchte, um alle Funktionen zu besetzen, damit die Garben aus dem Korndiemen gleichmäßig in die Maschine und das gepresste Stroh aus der Maschine in den Strohdiemen kam und dort kunstvoll ein neuer Diemen entstand. Man benötigte Sackträger, Maschinisten, Handlanger usw. Ca. 20 Leute musste die Bäuerin mithilfe ihrer Nachbarinnen verkosten. Es war stets eine organisatorische Meisterleistung.

Vater Johannes als bäuerlicher Lehrmeister

Gerne erinnere ich mich an Momente, wo Vater Johannes sich Zeit nahm und mir geduldig und anschaulich erklärte, wie die Ecke einer Ackerfenne freigeschlagen wird (mit Sicht und Haken), damit der Selbstbinder reinfahren und mähen kann. Selbst die Funktionsweise des Selbstbinders hat er mir mit großem Sachverstand erklärt, sodass ich noch heute das Prinzip kenne. Helfen beim Hocken habe ich dann auch gerne gemacht.

Ich muss heute feststellen, dass ich von meinem Vater eine Menge über die Arbeit in der Landwirtschaft, aber auch über die Zusammenhänge in der Natur gelernt habe. Viel mehr, als ich mir zunächst eingestehen wollte. Er hatte mir beigebracht, mit offenen Augen und Ohren durchs Leben zu gehen und dabei alle Sinne zu gebrauchen.

So konnte ich riechen, wo der Wind herkam, das Watt, die Jahreszeiten, auf welchen Äckern was angebaut wurde und wo Pferde, Rinder oder Schafe grasten.

Er hat mir ein Gefühl für die Natur gegeben und mich gelehrt, die Naturgewalten zu respektieren.

Früher landwirtschaftliche Geräte – heute teure Antiquitäten

Schade, dass er damals seine landwirtschaftlichen Geräte für wenig Geld verscherbeln musste, heute sind es Raritäten und würden viel Geld einbringen. Dazu gehörten besonders die Klapp-Harke mit den großen Eisenrädern, die gusseiserne Mähmaschine, die noch von Pferden gezogen wurde, Pflüge, z. B. den Ein-Schar-Pflug, den Lotte zog, wobei mein Vater bei Wind und Wetter die beiden Griffe haltend in verdreckten Gummistiefeln hinterhertrottete. Dazu gehörten auch die Eggen, gusseiserne Ofenplatten und Stallfenster, das rahmenverstärkte Melkrad mit Halterungen für die Milchkannen, das Saum-Zeug für die Pferde, Dresch-Schlegel und Delfter Kacheln aus der Küche. Selbst der Leiterwagen mit den metallbeschlagenen riesigen Holzrädern und der Fend-Dieselross sind heute wertvolle Sammlerstücke. Ganz zu schweigen von den praktischen Handgeräten, wie Sicht, Sense, Harken u. a., mit denen auch ich noch arbeiten durfte.

Mein Vater hatte mir beigebracht, viele dieser landwirtschaftlichen Geräte zu bedienen. Er hatte gehofft, dass ich als Ältester einmal den Hof übernehme. Aber je mehr ich eingespannt wurde, desto stärker sank die Bereitschaft, Bauer zu werden. Mit meinem Vater konnte ich über dieses Thema nicht reden, denn für ihn war klar, denn das war schon immer so, ich sollte Bauer werden.

Vor dem, was mein Vater geschaffen hat, täglich von morgens früh bis spät abends gearbeitet, nie geklagt – öfters geschimpft –, nie krank, nie Urlaub, nie eine Auszeit, hatte ich mächtig Respekt. Sicherlich war ich bereit, kräftig mit anzupacken, mein Bestes zu geben (hatte ich ja täglich gelernt) – aber so – nein!

Wasserpumpe, Melkmaschine oder doch Fernseher?

Mit dem Wunsch nach einem Fernseher mussten wir Kinder noch etwas warten. Die nächste Anschaffung war zunächst eine elektrische Wasserpumpe für den Stall. Damit entfiel für mich das mehrmalige tägliche Pumpen mit der Schwengel-Pumpe. Es kam einige Male vor, dass der Westen unter Wasser stand, weil ich vergessen hatte, die Pumpe auszuschalten. Den Überlauf, quasi ein Rohr durch die Außenmauer nach Westen, hat mein Vater nur eingebaut, weil auch er mehrfach vergessen hatte, die Pumpe rechtzeitig abzustellen.
Eine Melkmaschine war dann die nächste Anschaffung – immer noch kein Fernseher. Diese Anschaffung, die sowohl oben im Stall als auch unten im Sommerstall installiert werden konnte, erwies sich für die gesamte Familie als Segen. Man brauchte deutlich weniger Zeit für das Melken, zudem war es nicht mehr so beschwerlich.

Vom Milchrad zum Milchwagen

Die Milchkannen durfte ich insgesamt drei Jahre mit dem Milchrad – zum Schluss hingen daran sieben Kannen – zur Straße schieben. Nur einmal habe ich im Schlamm das Gleichgewicht und auch etwas Milch verloren. Danach hat mein Vater für sich und seine Nachbarn die vollen Milchkannen zur Molkerei transportiert und die leeren Kannen wieder vor den Höfen abgestellt.
Mit der Zeit wurden es mehr Bauern, für die mein Vater die Milchkannen transportieren durfte.
Nach gut einem Jahr musste er seinen Anhänger verlängern lassen. Zu guter Letzt waren alle Bauern an der Straße durch den Großen Koog zur Molkerei Kunden bei meinem Vater. Ich habe ihm einige Male geholfen, die Milchkannen auf- und abzuladen. Diese schwere Arbeit würde ich meinem Kreuz auf Dauer nicht zumuten.

Hilfe, das Boot sinkt!

Schilf (Reet) schneiden und als begehrte Ware an den Dachdecker zu verkaufen, gehörte zu den lukrativen Nebenjobs von unserem Vater. Als Ältester durfte ich dabei sein, wenn Vater das geschnittene, gebündelte und in Hocken gestellte Schilf mit dem Boot nach Hause holte. Meist geschah das, wenn Frost den Boden hart gemacht hatte und man nicht im Schlamm am Sielzug einsank.
Das Schilf wurde grundsätzlich im Winter bei trockenem Wetter und bei Niedrigwasser mit der Sichel geschnitten. Es war ein Knochen-Job. In gebückter Haltung war man Kälte, Wind und Wetter nahezu hilflos ausgesetzt. Bei Frost konnte man die Finger kaum bewegen. Für mein Zeitempfinden dauerte es viel zu lange, bis ein Bund geschnitten war.
Als der Wasserstand deutlich höher war, durfte ich dabei sein, um die Schilf-Bunde nach Hause zu holen.
Die Hinfahrt auf dem Sielzug zu den Schilf-Hocken machte mächtig Spaß, auch weil mein Vater zwischendurch das Boot richtig schaukeln ließ. Wir beide lachten von Herzen. Es war toll, Vater so gut gelaunt zu erleben. Die Zeiten, wo man mit ihm Schabernack treiben konnte, waren ja selten genug.
Wir konnten ziemlich nahe an die Schilf-Hocken heranfahren. Mein Vater stieg mit seinen langen Gummistiefeln aus, watete durchs Wasser zu den höher liegenden Hocken und reichte mir die Bunde.
Ich musste diese sorgfältig – zunächst im Boot, später über die Bootskanten ragend – verstauen.
Als das Boot bereits recht tief im Wasser lag und ich schwankend kaum noch das Gleichgewicht halten konnte, meinte mein Vater: Ein paar Bunde noch, dann können wir fahren! Trotz Zweckoptimismus und großer Klappe hatte ich bereits reichlich Muffensausen. Wenn das man gut geht!
Mein Vater kletterte auf das tief im Wasser liegende schwankende Boot, ergriff das Paddel und los ging es, langsam gleitend zum tieferen Wasser des Sielzuges.

Plötzlich neigte sich das Boot zur Seite – Schlagseite! Irgendwie hatte mein Vater das Paddel als Stütze missbraucht und konnte es nur mit großer Kraftaufwendung wieder aus dem Schlamm herausziehen. Dabei geriet das Boot in gefährliche Schieflage. Die ersten Bunde rutschten ins Wasser – und durch die Schlagseite lief Wasser ins Boot – oh weih!
Vater sprang ins Wasser – man gut, dass wir noch nicht mitten im Sielzug waren – und dass wir es nicht so weit nach Hause hatten. Ich war in der Situation etwas perplex, aber nicht im Wasser, sondern noch auf dem Schilf im Boot. Was sollte ich tun? Auch ins Wasser springen? Die für mich kritische Situation entspannte sich schlagartig. Ohne Worte trug mich mein durchnässter Vater aufs Trockene und zog das schwer beladene, gekenterte Boot – so gut es ging – ins Schilf. Auf dem Heimweg waren wir beide flott zu Fuß.
Vater war durchgefroren und musste zu Hause mehr als nur die Stiefel wechseln. Am nächsten Tag hat er dann Schilf und Boot gerettet.

Telefon – ein Draht zur Außenwelt

Großen Anteil an der positiven wirtschaftlichen Entwicklung auf dem Hof Jensen hatte auch unser Telefon. Lange hatte es gedauert, eine gut 500 Meter lange Überland-Leitung, von der Straße her, musste erst gebaut werden. Man hatte den Eindruck, die Arbeiter würden eine Jahresarbeit anfertigen. Ein Telefon mit Drehscheibe, wie man es heute aus dem Museum kennt, war damals ein unverzichtbares Kommunikationsmittel auf dem Land. Die meisten Gespräche galten meinem Vater, wenn man denn durchkam, denn meistens klebten meine Schwestern am Telefon.

Herr Fischer auf Verkaufsfahrt

Unser Hofhund Harras kündigte durch sein Bellen mal wieder einen Besuch an. Er setzte sein Bellen immer dann an, wenn unter an der Straße jemand in unseren Weg einbog. Der Postbote konnte es nicht sein, denn es war spätnachmittags. Nein, es war Herr Fischer. Er fuhr einen alten VW-Bus mit Anhänger. Herr Fischer kam in der Regel zweimal pro Jahr. Sein erster Besuch im Frühjahr war meistens eine Verkaufsfahrt für Haushaltswaren wie Bürsten, Seife, usw. Auch konnte er Scheren schleifen. Wenn er beim zweiten Mal mit dem Anhänger kam, nahm er die Schafswolle mit. Die hatte mein Vater zuvor in große Säcke gefüllt. Viel gab es für die Schafswolle nicht (heute auch nicht), aber wegwerfen kam nicht infrage.
Auch aus meiner Sicht kam das nicht infrage, denn ich musste die zum Teil zappelnden Schafe beim Scheren ja stundenlang festhalten.

Wieder Pferde – zur großen Freude meines Vaters

Wirtschaftlich lief es ganz gut und dank der Fürsprache unserer Mutter erhielten meine Schwestern (Teeners) zunächst einen Westfalen, dann einen Norweger und noch ein Pony. Besonders der Holsteiner war ein sehr ansehnliches, stattliches Pferd und wurde gerne von den Ringreitern der Insel ausgeliehen. Besonders beliebt war er bei einigen Reitern der Wittjacken, des elitären Ringreiter-Vereins von Pellworm. Im zweiten Ringreiter-Verein, Hol-Fast, waren auch Schleswiger (Kaltblüter) im Einsatz. Im Galopp waren diese Pferde nicht zu überhören.
Weil Falke – unser Westfale – mich mal gebissen hatte, war mein Verhältnis zu ihm gespalten. Ich war gut beraten, von diesem Pferd etwas Abstand zu halten.
Meine Schwestern verließen wegen Schul- und Berufsausbildung bzw. Studium nach und nach die Insel und mein Vater hatte zu seiner großen Freude drei vierbeinige Stammgäste mehr zu versorgen.

Wenn ich diese Gäule sah, tat mir Lotte irgendwie leid, denn sie war wirklich eine treue Seele, hat uns nie im Stich gelassen. Lotte war ein Schleswiger und hat wirklich viel geackert – bis der Fend-Dieselross kam und sie ihr verdientes Gnadenbrot bekam.

Vadder Johannes un sien Piep

De Piep gehörte überall dazu. Egal wo Vater war, auf dem Dachboden im Heu, bei der Ernte im Kornfeld, auf dem Trecker, im Stall oder in der Küche, überall hatte er die Pfeife im Mund.

De Piep hatte in der Ruhephase ihren Platz auf dem Nachttisch. Nicht auf einem Aschenbecher, wie man vielleicht glauben könnte, nein, auf der Ablagefläche. Es war wie ein Ritual, das Erste, was morgens passierte: Er nahm de Piep und machte sie an. Das Letzte, was er abends machte: Er legte de Piep auf den Nachttisch.

In seinem Leben besaß er – nach unserer Kenntnis – nur zwei Pfeifen, eine mit kleinem, flachen Kopf und später die etwas höhere (siehe Foto). Ein Pfeifenbesteck kannte er nicht und wollte sowas auch nicht. Die zweite Pfeife war seine Favoritin, denn hier passte mehr Tabak rein und sie ging nicht so schnell aus.

Wir Kinder wussten allerdings nicht, ob sie aktiv (heiß) oder die Glut bereits erloschen war. Dramatisch fand ich die Situation, als wir auf dem Boden Heuballen stapelten und ich genau wusste, dass die Pfeife an war.

Selbst als wir die Heu-Sonde der Feuerwehr im Einsatz hatten (das Heu war zu frisch auf den Boden gekommen und hatte sich stark erwärmt), hatte er selbstverständlich die angezündete Piep im Mund. Das Glück ist mit den Tüchtigen – offensichtlich stimmt dieses Sprichwort.

Wenn Gänseeier explodieren

De Piep wurde zeitweilig auch als Handwerkszeug missbraucht, z. B. zum Klopfen, zum Sinnieren, wenn unser Vater vor einem Problem stand, was so ohne qualmende Piep nicht zu beheben war. De Piep brachte dann offensichtlich den Lösungsvorschlag. Man musste wohl intensiv dran glauben.

Eines Tages wurde ich eingeteilt, ihn zur Gänseeier-Schau zu begleiten. Die Brut der Gänse wurden regelmäßig kontrolliert, um evtl. Küken beim Schlüpfen zu helfen.

Nachdem der Ganter (Chef der Gänse) eingesperrt worden war, konnten wir in Ruhe die Nester der Gänse untersuchen. Die brütende Gans wurde vorsichtig von den Eiern gehoben und Vater nahm jedes Ei in die Hand und klopfte mit de Piep leicht dagegen. Die Gans ließ geduldig alles geschehen (war sie wohl Pfeifenraucherin?).

Nach zwei Wochen musste ich einen Eimer Wasser mitnehmen. Wenn die Eier oben blieben (schwammen), dann waren sie angebrütet.

Bei der Kontrolle der Eier im zweiten Nest passierte dann das Unfassbare. Das Ei explodierte in der Hand! Es gab einen lauten Knall, der uns mächtig erschrecken ließ und wie ein Schock in die Glieder fuhr. Diese Ei-Explosion und der Schreck waren so heftig, dass Vater, der zuvor neben dem Nest kniete, mit dem Rücken an der Schuppenwand saß, voll mit gelben Spritzern.

Diese stanken derart widerlich, dass wir beide uns mehrmals übergeben mussten. Ich hatte als Erster den Schreck überwunden und musste lauthals lachen. Das missfiel meinem Vater sehr, er rappelte sich auf, holte aus – aber, benebelt wie er noch war, er traf mich nicht.

Danach rannte er schnurstracks zur Wassertonne und wäre wohl am liebsten da reingesprungen.

Mutter fragte später etwas unbedarft: Bist du in den Graben gefallen?

Das Foto passt 100%ig zu unserem Vater: Johannes mit de Piep

Denn wir wussten nicht, was wir tun – Verrücktheiten aus meiner Jugend

Kreidler-Florett

Mein Traum – ja mein größter Wunsch mit 15/16 Jahren hieß Kreidler-Forett. Eine tolle Maschine. 85 km/h Spitze – kaum zu glauben. Der Erste aus meinem Freundeskreis, der eine Kreidler bekam, war Ernst-Detlef Ecklundt. Er düste damit jeden Tag zur Schule und wurde bei seiner Ankunft – war ja nicht zu überhören – gleich von vielen Mädchen und Jungs umringt und belagert. Als Kreidler-Fahrer war er ein toller Typ und besonders von den Mädchen geradezu angehimmelt. Es dauerte nicht lange, da kam auch Martin Jansen mit einer Kreidler zur Schule. Er fuhr das neuste Modell, aber der Sound von Ernst-Detlefs Maschine war uriger. Und ich? Mein Vater hatte schon zeitgerecht angedeutet, dass er kein Geld hatte, mir ein Moped zu kaufen. So blieb ich einfacher Fahrrad-Fahrer und versank quasi in die Bedeutungslosigkeit, denn nur, wer ein Moped hatte, war jemand! Abends auf der Warft bei ruhigem Wetter horchte ich dann hinaus in die Weite der Insel, ob irgendwo die Moped-Gang zu hören war. Und egal, wo sie gerade fuhren, sie waren nicht zu überhören. Mir blieb nur die Schwärmerei und Träumerei von einer tollen, geilen Kreidler-Tour. Nachdem noch mehr Jungs ein Moped bekamen und der Erste tödlich verunglückte, war die Euphorie plötzlich weg. Der Jugend-Alltag auf Pellworm zog wieder ein.

Und ich, ich konnte immer noch sehr gut malen und zeichnen. Diese Fähigkeit war im Unterricht öfters gefragt. Das wussten auch die Mädchen und nahmen gerne meine Hilfe in schwierigen Situationen an. Und ich Blödmann, ich merkte nicht, was gespielt wurde.

Ein Tanzkurs mit Abschlussball

Von Schulfreunden hörte ich, dass im Gasthof Edlefsen (gibt es heute nicht mehr) ein Tanzkurs angeboten wurde. Alle Mädchen waren hellauf begeistert, bei uns Jungs hielt sich die Freude jedoch in Grenzen – brauchen wir so was?
Tanzen ist Mädchen-Kram, wir brauchen einen Moped-Führerschein oder etwas Vergleichbares. Wir Jungs hatten die Rechnung allerdings ohne unsere Mütter gemacht. Als die erfuhren, dass ein Tanzkurs geplant war, waren wir mit unserem Latein am Ende. „Ist doch klar, dass du da hingehst", sagte meine Mutter. „Aber" – entgegnete ich – „der Tanzkurs ist doch viel zu teuer!" „Macht nichts, habe ich für dich gespart", entgegnete meine Mutter. So ein Mist, jetzt musste ich doch teilnehmen. Das Gute war, den anderen Jungs erging es so ähnlich. Und es kam, was kommen musste – im Saal von Edlefsen saßen wir uns brav und schicklich gegenüber. An der einen langen Wand auf den Bänken die Mädchen, wir saßen an der gegenüberliegenden Wand und machten gute Miene zum bösen Spiel. Der Tanzlehrer, den wir auf Anhieb nicht mochten, erklärte kurz, wie man ein Mädchen korrekt zum Tanzen auffordert, sowie den Ablauf des Tanzkurses, und schon ging es los. Die Musik setzte ein und schon stürmten die Jungs rüber – mit wenigen Ausnahmen, nämlich die (dazu gehörte auch ich), die sich etwas Zeit ließen und logischerweise die Mädchen nehmen mussten, die übrig geblieben waren, sogenannte Restposten.
Wir waren zwar keine Machos, aber den Mädchen hinterherrennen war nicht unser Ding, ging gar nicht, wo bleibt denn da ein Mindestmaß an männlichem Stolz. Das legte sich bald, denn bei den nächsten Übungsnachmittagen waren der Konkurrenzgedanke und die Ellenbogensprache bereits deutlich ausgeprägter.
Wir haben während des Tanzkurses nicht viel gelernt, es gab ja auch jede Menge zu erzählen, ich glaube Foxtrott ist hängengeblieben.
Die Vorphase des Abschlussballs habe ich noch in Erinnerung, alles andere ist verdrängt. Auch wenn es einigen (auch mir) schwer fiel,

zum Abschlussball musste man ein Mädchen einladen. Ich war zwar wild entschlossen, hatte aber keine Ahnung, wen ich einladen sollte, und die Reserven waren nahezu aufgebraucht. Mein Tran-Zustand wurde jäh unterbrochen, als mich ein Mädchen fragte, ob ich so lieb wäre, mit ihr zum Abschluss-Ball zu gehen. Ohne jegliche Emotion und Regung entgegnete ich spontan: „Nein, geht nicht, habe schon jemand!" So viel Mut und dann einen Korb geben, nein, ich war ein richtiger Blödmann (wurde mir von anderen bestätigt). Ich kannte sie flüchtig, sie war ansehnlich, kein Bravo-Girl, aber irgendwie attraktiv. Wo nur waren meine jugendliche Leidenschaft und mein Eroberungs-Drang geblieben? Doch meine Schüchternheit siegte.

DLRG-Rettungswache

Am Leuchtturm hatten wir Schüler der zehnten Klasse unsere DLRG-Rettungsstation eingerichtet. Frisch und sehr intensiv von Rektor Klinghammer ausgebildet, warteten wir dort auf die ersten Hilferufe, auf unseren ersten Ertrinkenden.
Aber tote Hose, es waren keine Rettungsversuche erforderlich und dabei hatten wir so viel Arbeit in unsere Station investiert. Auch ich hatte den DLRG-Grundschein erworben und wurde zur Wache eingeteilt, meistens bei durchwachsenem Wetter, dann war ja auch keine Hilfe auf dem Hof erforderlich.

Erotische Abenteuer

An einem solchen durchwachsenen Tag war ich mit einigen Freunden am Deich. In unseren flappsigen Gesprächen über erotische Abenteuer wurde ich zum Draufgänger und Frauenheld hochstilisiert. Obwohl ich keineswegs mit einem sunnyboyhaften Siegerlächeln ausgestattet war, kam das motzige Gerede bei einigen Mädchen prompt an, denn nach kurzer Zeit wurde ich von einem Mädchen (Badegast) gefragt: „Kannst du mir meinen Rücken eincremen?" „Natürlich, mach ich doch", entgegnete ich. Kurze Zeit später sagte sie zu mir: „Du kannst ruhig mein Oberteil öffnen, sieht doch niemand. Wir können auch ein Stück weiter längs gehen, da sind nicht so viele Leute." In diesem Moment fiel es mir wie Schuppen von den Augen, meine Mutter hatte mir eindringlich geraten: „Lass dich nicht mit Leuten ein, die du nicht genau kennst." „Nö, ich bleibe hier – geh man", sagte ich in meiner allergrößten Not (und voller Selbstmitleid). Die Blicke der anderen, die es mitbekommen hatten, hättet ihr mal sehen müssen. Na gut, dann werde ich mal wieder die sexy Bilder in der geliehenen Bravo bewundern. Nicht, dass mein Frauenbild jetzt Risse bekam, aber ich habe es wohl nicht anders verdient.

Wir waren ja auch zum Schwimmen am Deich. Nichts wie ins Wasser. Mehrere hundert Meter rausgeschwommen und draußen vor den Lahnungen mit der Strömung der kommenden Flut vor der Insel entlanggeschwommen. Das dauerte längere Zeit und laut den Ermahnungen der alten Insulaner war es auch gefährlich.

Beat-Club auf Pellworm

Wenn wir mal Zeit hatten und ein Treffen in unserer Clique angesagt war hörten wir sehr gerne Beat-Musik.

Die war damals der große Renner. Einen Schaub-Lorenz (angesagtes Kofferradio) hatte fast jeder. Bei einem unserer Treffen sinnierten wir darüber, dass es doch toll wäre, wenn wir selber mal so einen Beat-Abend mit super Musik veranstalten würden. Aber wo? Scheinbar waren bei mir frühzeitig organisatorische Fähigkeiten erkennbar oder ich wurde ausgetrickst, auf jeden Fall hatte ich die Torte auf dem Auge. Anke sollte mich unterstützen. Ok, dachte ich, dann man los.

Der Gastwirt Johannes Jensen, ein eher konservativer Typ, sagte direkt zu, dass wir den Beat-Abend in seiner Gastwirtschaft durchführen dürften. Allerdings sollte die Musik nicht so laut sein, damit die anderen Gäste nicht verschreckt werden. Anke hatte unterdessen ein größeres Radio und einen Schallplatten-Spieler (10er-Wechsler) ausfindig gemacht. Die notwenigen Wunschplatten trudelten nach und nach auch bei ihr ein. Alles Wichtige war somit komplett. Der Termin stand und ich malte noch einige Einladungen und befestigte diese an den Schwarzen Brettern der Insel. Eintritt war nicht vorgesehen, GEMA und Versicherungen kannten wir ja nicht.
Der Abend verlief prächtig. Wir hatten super viel Spaß und das Organisations-Team wurde über den Klee gelobt.
Natürlich wurde eine gleichgeartete Veranstaltung einige Wochen später wiederholt. Aber irgendwie war der Wurm drin, es war zwar proppenvoll, aber es waren auch Leute da, die wir nicht mochten. Damals kannte man die Begriffe Kotzbrocken oder Stinkstiefel noch nicht. Es gab auch kluge Verbesserungsvorschläge, wie man so einen Beat-Abend noch größer aufziehen könnte.
Gut, haben wir uns gedacht, das war's, es war schön und ihr mit den vielen neuen Ideen könnt jetzt weitermachen. Keiner war jedoch bereit, eine neue Beat-Veranstaltung zu organisieren. Schade! Es folgte wieder der alte Trott und die Silbermöwen (Zwei-Mann-Senioren-Tanzkapelle) spielten in bekannter Manier auf.
Die Alten tanzten gerne nach deren Schifferklavier-Musik.

Der weite Blick von der heimischen Warft: Der Deich ist überall – und dahinter?

„Das ist meine Warft – mein Haus hier auf Pellworm!“, hat meine Mutter öfters gesagt. Sie hat es auch so gemeint, denn es war ihr von Entbehrungen und Kummer gezeichnetes, hart erarbeitetes Reich. Hier aber, in diesem geschützten Bereich, war ihr Zuhause, hier fühlte sie sich gut. Die Vergangenheit war passé, sie hatte ihr Schicksal, die für sie bestimmte Rolle als Mutter und Bäuerin angenommen. Sie war maßgeblich die treibende Kraft, wenn es darum ging, die Dinge weiterzuentwickeln und neue, insbesondere praktische Ideen einzubringen.

„Üb immer Treu und Redlichkeit“, diese erste Zeile eines Gedichtes bzw. Liedes aus dem 18. Jahrhundert war auch ein Credo von ihr und wir sollten es verinnerlichen.

Bei den heimischen Pellwormerinnen genoss Ingeborg einen seltsamen Respekt, denn man konnte ihre stets höfliche, offene und ungezwungene, etwas distanzierte Art nicht einschätzen. Man war nett und freundlich zu ihr, jedoch nicht offen und man blieb irgendwie misstrauisch. Die Pellwormerinnen konnten sich nicht damit anfreunden, dass sie hochdeutsch sprach und belesen war, das war schlimm und machte sie in deren Augen zu einer hochnäsigen Fremden. Sie blieb für die meisten ein unbekanntes Wesen. Das änderte sich für einige, als sie aktives Mitglied beim DRK wurde, die Trachtengruppe bereicherte und als Übungsleiterin den Seniorensport und den Tanzkreis leitete.
Für die jüngeren Pellwormerinnen und die Zugezogenen war sie unsere Ingeborg. Die Älteren blieben skeptisch und verstockt in ihrem Schneckenhaus. Meine Mutter war clever genug, die verschiedenen Mentalitäten auf der Insel richtig einzuschätzen, und konnte damit gut leben.
So fanden meine Eltern Freunde, auf die sie sich voll verlassen konnten und mit denen sie sich super verstanden.

Der Kommandostand

Die Familie Jensen hatte augenscheinlich viel geschafft, man stand gut da, man war glücklich und zufrieden mit dem, was man hatte. Bei den Kaufleuten gab es Kredit, d. h., man konnte wieder anschreiben lassen, und hin und wieder gab es auch ein Tauschgeschäft, Eier von der Jensen-Warft gegen Mehl und Zucker vom Kaufmann.
Der Hof entwickelte sich prächtig, beide hatten eine gute Hand und konnten nicht nur Land dazukaufen, sie konnten es auch bis zum Ruhestand meines Vaters abbezahlen. Der Wohnbereich wurde zweimal renoviert und zum Teil baulich erweitert. Eine Veranda mit Kommandostand – ein Gästeraum mit freiem Blick über die Insel – wurde geschaffen. Hier saß meine Mutter oft (wir auch) und genoss den Blick über die Felder und ließ dabei ihre Gedanken über die Insel

schweben, bis zum Deich – und darüber hinweg. In diesen Momenten haben auch wir gespürt, dass Pellworm ihr nicht das bieten konnte, was sie suchte. Dieser Raum, nur mit Sesseln und einem kleinen Tisch ausgestattet, hatte etwas Stimulierendes, etwas Bewegendes, ja Geheimnisvolles. Wer hier saß, fand zunächst Ruhe, wurde unbewusst zum Nachdenken und Sinnieren angeregt und konnte zu sich selber finden.

Vorsorge – wofür?

Das Stallgebäude hätte auch dringend saniert und erweitert werden müssen, aber in diesem Fall wartete unser Vater ab, ob tatsächlich jemand von den Kindern den Hof übernehmen wollte. Auch er war Realist geworden und hatte seinen Blick für die Zukunft und für das Wesentliche geschärft. Nichts jedoch konnte ihn dazu bewegen, zur Vorsorge zu gehen. „Warum?“, fragte er uns, „muss das sein, ich war doch nie krank!“ Niemand konnte ihn von der Notwendigkeit und dem Nutzen einer Vorsorgeuntersuchung überzeugen. Und so kam, was kommen musste: Als er im fortgeschrittenen Alter kurz vor der Bauernrente wirklich krank wurde und sogar mit dem Rettungskreuzer aufs Festland gefahren wurde, war es zu spät. Als wenn er es gewusst hätte, niemand konnte ihm mehr helfen.
Im Bewusstsein dieser unheilbaren Krankheit war es für ihn und für meine Mutter jetzt das Wichtigste in ihrem Leben, gemeinsam noch die Goldene Hochzeit zu feiern.
Dieses feierliche Fest in der Alten Kirche, wo beide nochmals ihr Eheversprechen ablegten, war für alle Beteiligten ein außergewöhnliches Erlebnis. Es ging allen sehr nahe, nicht nur der festliche Rahmen, die ganze Stimmung und Atmosphäre war sehr bewegend.
Für unseren kranken Vater war danach nur wichtig, dass er zu Hause bleiben konnte und von Mutter gepflegt wurde. Über seine Krankheit, die auch von schweren Depressionen überschattet wurde, konnte und wollte unsere Mutter, die sich selbstlos und aufopfernd um ihn

kümmerte, nicht mit uns reden. Ein Pflegedienst unterstützte unsere Mutter, als sie es alleine nicht mehr schaffte. Unser Vater starb dann bei ihr – in ihren Armen – auf dem Sofa.
Er ahnte wohl, was aus uns und aus dem Hof werden würde, und fand auf der Jensen-Warft und mitten in der friedvollen Natur der Insel seinen Frieden.

Mutter Ingeborg und die verdrängten Wehwehchen

Die jahrelange körperlich harte Arbeit ging auch an der Gesundheit von Mutter Ingeborg nicht spurlos vorbei, auch wenn sie es zunächst nicht wahrhaben wollte. Es war ja auch weiter nichts Schlimmes, der Doktor hatte seine Praxis in der Nähe und man verstand sich gut. Aus den kleinen Wehwehchen wurden mit der Zeit schwerwiegende gesundheitliche Einschränkungen, der Kreislauf wollte nicht mehr mitmachen und auch sonst ging es ihr zwischenzeitlich nicht besonders gut.
Was wir nicht wussten und erst später erfuhren, der Doktor hatte ihr ins Gewissen geredet und dringend empfohlen, in eine Wohngemeinschaft oder ins Altersheim zu gehen. Das kam für unsere Mutter überhaupt nicht in Frage. Darüber konnte man mit ihr absolut nicht reden. Ich bleibe auf meiner Warft, bis ich tot umfalle! Das war Ihre Antwort. Dabei verstand sie es sehr wohl, uns unterschwellig ein schlechtes Gewissen einzureden. Ich hatte gut reden, war ich doch weit weg und nicht betroffen. Aber für meine Geschwister aus der näheren Umgebung war es nicht leicht.
Der Nachbar, der unser Land gepachtet hatte, schaute regelmäßig nach ihr.

Der Hof wird verkauft

Noch beruhigender war allerdings für uns Kinder die Nachricht, dass Mutter überlegte, ihr Haus, ihren Hof zu verkaufen. Das muss ein schwerer Kampf, ein hartes Ringen mit sich selber gewesen sein.
Eine Maklerin wurde beauftragt. Dann ging es – sehr zum Leidwesen meiner Mutter – viel schneller als gedacht. Eigentlich hatte sie sich mit dem Verkauf noch nicht wirklich abgefunden, doch plötzlich musste sie sich ernsthaft mit dem Gedanken befassen. Dabei brauchte sie über den angedachten Preis nicht mehr zu verhandeln. Der Käufer machte einen guten Eindruck und sie würde ihr Eigentum in die richtigen Hände legen. Das Land unmittelbar am Hof wurde mit verkauft, der Großteil blieb verpachtet. Die Bauernrente und die Pachteinnahmen würden meiner Mutter für ein selbstbestimmtes Leben gut reichen. Der Kaufpreis sollte für unvorhergesehene Ereignisse angelegt werden.
Sogar eine Affinität zu Pellworm hatte der potenzielle Käufer vorzuweisen, Musiker war er und Orgel spielen konnte er auch. Eigentlich eine ermutigende und tröstliche Situation für meine Mutter.
Beim Unterschreiben des Kaufvertrages war sie jedoch mit ihren Gedanken abwesend – das soll es gewesen sein?
Meine Schwester Angelika sowie ihre Tochter mit Mann und Kind hatte zwischenzeitlich einen Resthof bei Niebüll gekauft.

Der Umzug nach Niebüll

Der Tag des Umzugs kam näher. Langsam realisierte unsere Mutter, dass es ernst wurde und es kein Zurück mehr gab. Ob sie diesen Schritt gedanklich je wirklich realisiert hatte, weiß ich bis heute nicht. Alleine wohnen konnte sie nicht mehr, auf der Insel in einer Senioren-Wohngemeinschaft oder in ein Altersheim wollte sie auf keinen Fall, aber umziehen und einen Neuanfang? Auch das wollte

sie eigentlich nicht! Wir Kinder hatten also keine Wahl – obwohl es uns allen sehr schwer gefallen ist.
Unserer Mutter zuliebe zurück auf die Insel? – Wollte sie selbst nicht (hat sie gesagt) – möglicherweise aber gehofft –, aber keines von uns Kindern hatte ernsthafte Ambitionen, auf die Insel zurückzukehren. Der Zug war für alle abgefahren! Zu ihrer großen Freude kamen einige Kinder und halfen beim Ein- und Auspacken. Unsere Mutter wurde dann quasi – gegen ihre innere Überzeugung – umgezogen.
Ihren Kindern und Freunden gegenüber zeigte sie persönliche Stärke und Selbstbewusstsein, wie es in ihrem Innersten tatsächlich aussah, konnte man nur erahnen. Auch war sie infolge unseres Drängens bereit, sich künftig wieder einer Tanz- oder Sportgruppe anzuschließen. Wollte sie es wirklich?
Uns gegenüber beteuerte sie stets die Notwendigkeit sozialer Kontakte und versprach mehrfach. neue Aktivitäten zu beginnen. Aber es blieb bei den Versprechungen.
Zunächst fuhr sie noch mit dem Fahrrad los und erkundete die Umgebung. Freudestrahlend berichtete sie dann von ihren Erkundungserlebnissen. In den letzten Jahren jedoch wurde sie zunehmend passiv, kränklich, lustlos und introvertiert. Es war schwierig, sie zu motivieren, wobei besonders Angelika, Donjana und Frank – selbst der kleine Johannes – sich beispielhaft um sie kümmerten und selbstlos große Mühe und Fürsorge investierten. Dank deren unermüdlichen Anstrengungen fasste Mutter wieder etwas Mut und wurde unternehmungslustiger und deutlich aktiver.
Wesentlichen Anteil an ihrem Gemüts- und Gesundheitszustand hat Ur-Enkel Johannes, denn seine liebevolle und unbefangene Art gaben ihr häufig Lebensmut und Kraft.
Wir besuchen sie, so oft wie es geht. Man sah es ihr an, dass sie sich freute und die Unterhaltungen mit ihr taten gut.
Nur schwer verknusen können wir den Umstand, dass sie sich bisweilen etwas viel zumutete und ihr Stolz gut gemeinte Ratschläge unsererseits nicht an sich heranließ.
Niemand konnte sie vom meditativen Unkraut-Jäten (meine Wort-

prägung) an der Zufahrt abhalten. Egal bei welchem Wetter – angemessene Kleidung ist Nebensache –, es musste sein! Aber so war sie, unsere Mama, und wir Kinder freuten uns jeden Tag aufs Neue, dass wir sie hatten.
Ihr großer Wunsch, eigentlich auch ihr Lebensziel, die gesamte Familie für alle Zeiten zusammenzuschweißen, konnte nicht erreicht werden, weil die Interessen und auch die jeweiligen Lebensphilosophien zu unterschiedlich sind.
Auch der Umstand, dass wir früh die Insel (unser Zuhause) verlassen mussten, um auf eigenen Beinen zu stehen, und dass wir Älteren die Jüngeren nicht wirklich kennenlernen konnten, führte zu dieser misslichen Situation.
Schade – eigentlich!
OK, ok, ich habe verstanden – oder glaube es zumindest.
Ich mache es mir keineswegs zu einfach oder entziehe mich meiner Verantwortung.
Aber jümmers sutje mit de olen Peer. Mit dieser lapidaren Feststellung von mir endet dieses Kapitel natürlich nicht. Keineswegs aber sehe ich mich in der Rolle des Verantwortlichen, oder gar des Wortführers, nur weil ich der Älteste bin oder beim Bund höhere Führungspositionen innehatte. Mitnichten bin ich der geborene Familien-Coach. Gleichwohl aber sehe ich für mich gewisse Verpflichtungen, z. B. als Ratgeber, Helfer, meinetwegen zunächst auch als Initiator. Die Hauptverantwortung – wenn es denn eine solche gibt – sehe ich aus meiner voreingenommenen, möglicherweise antiquierten Sicht, beim Mädels-Quintett, bei den fünf starken Frauen der Familie Jensen. Es ist ja bekannt, dass Frauen meist über eine ausgeprägte Empathie verfügen, sozial und ausgesprochen kommunikativ sind. Zudem sagt man ihnen uneingeschränkte emanzipatorische Fähigkeiten nach. Ich stelle mir vor, dass sie – wie gewohnt feminin abgestimmt – das Kommando übernehmen, die Planungshoheit wahrnehmen und wir Brüder unterstützen nach bestem Wissen und Gewissen.
So wäre es denkbar, dass sich die Familie (nur Geschwister mit Partnern) jedes Jahr bzw. alle zwei Jahre am ersten Wochenende (Sa/So)

im Mai auf eigene Kosten in Nordfriesland zum (dann) traditionellen Jensen-Day treffen könnte.
Nach dem Empfangs-Kaffee/Grillen sollte auf jeden Fall (wenn möglich) eine Hallig- oder Inselfahrt, ggf. Wattlaufen eingeplant werden. Diese friesenlastige Absicht (mein Vorschlag) wurde in der Familie aus guten Gründen noch nicht erörtert. Es wird für einige wohl eine Überraschung werden.
Aber – wir machen etwas draus – versprochen!
Und, wenn wir ehrlich sind, wir tun es auch für unsere Eltern. Beiden haben wir unendlich viel zu verdanken. Besonders unsere Mama hatte unter unseren unwissenden pubertären Findungsprozessen und Machtkämpfen – die sie geduldig ertrug – zeitweilig sehr zu leiden. Besonders also für sie wird diese Aktion gestartet.

Der blanke Hans –
Ein Inselleben mit Naturgewalten

Sturmflut 16./17. Februar 1962

Ein besonderes einschneidendes Naturereignis, das am 16. und 17. Februar 1962 stattfand, werde ich nie vergessen. Es hat sich in meinem Kopf festgesetzt, als wenn es gestern gewesen wäre. Am 16. Februar 1962 war es sehr stürmisch, keiner wagte sich nach draußen und wir hatten daher schulfrei. Der stark böige Wind hielt mich nicht davon ab, mit dem Fahrrad zum Deich, zur Nordermühle zu fahren. Naja, fahren ging nicht, weil zu stürmisch – schieben war angesagt. Das war auch besser, denn ich hatte ja den Strandhaken dabei, eine lange Stange mit Spieß und Haken dran, gedacht, um Strandgut aus dem Wasser ans Land zu ziehen. Gem. Flutkalender war jetzt kommendes Wasser, ideal um herantreibendes Strandgut zu sichern. Oben auf dem Deich angekommen, hatte ich zunächst die Schwierigkeit, bei dem sehr starken Wind mit offenen Augen die Lage zu sondieren. Nur mit dem Strandhaken konnte ich mich gegen den tobenden Sturm abstützen und fand so einen einigermaßen festen Stand. Was meine Augen dann sahen, werde ich nie vergessen: Obwohl noch einige Stunden bis zum Hochwasser, hatte die tobende See die Hochwasserlinie bereits erreicht. Unglaublich, so etwas hatte ich noch nie erlebt. Ich weiß noch, dass ich flugs Kehrtum gemacht habe. Auf kürzestem Weg bin ich nach Hause gefahren. Mit dem Sturm im Rücken konnte ich streckenweise das Fahrrad nutzen, so ging es schneller. Zu Hause angekommen, habe ich meinem Vater erzählt, was ich am Deich gesehen und erlebt hatte. Er sah sehr ernst aus und sagte nur: „Jo, dat ward schlimm hüt Nacht!“ Auch meine Mutter hatte meine Horror-Nachricht mitbekommen – oder sie hatte es auch schon geahnt. Dann werden wir heute Nacht alle auf dem Boden schlafen, dass jeder Bescheid weiß! – entgegnete sie. Vater musste am späten Abend mit den Feuerwehr-Kameraden zum Deich, er wurde vom

Nachbarn mit dem Trecker abgeholt. An seine Abschiedsworte kann ich mich noch sehr gut erinnern: „Wenn dat man good geit, dat ward schlimm hüt Nacht, pass good op de Kinner op!“ Danach spürten und hörten wir alle, dass der Sturm zu einem ausgewachsenen Orkan wurde. Wie ein Ungeheuer brüllte und rüttelte er am Haus, als wenn er alles mitreißen oder plattmachen wollte. Ich hatte trotzdem gut geschlafen in dieser fürchterlichen Sturmnacht. Am anderen Morgen erzählte uns unsere Mutter, der Vater sei früh morgens gegen 4 Uhr, kurz vor dem Melken, völlig erschöpft und pitschnass nach Hause gekommen. Die Pellwormer haben wohl unbeschreiblichen Dusel gehabt, dass kein Deich gebrochen ist. An einigen Stellen war es kurz davor, dann jedoch sprang plötzlich der Wind um und die kochende, brodelnde See stieg nicht weiter an. Glück im Unglück würde man heute sagen.
Was mich natürlich nicht davon abhielt, ungeduldig und voller Tatendrang mit der Kamera (Agfa Clack) zum Deich zu fahren, wo mein Vater mit seinen Feuerwehr-Kameraden eingesetzt gewesen war.
Als ich dort im Schlamm-Chaos stand, dort, wo vorher ein stattlicher Deich gewesen war, und sah, was die tobenden Wellenberge, was diese Urgewalten angerichtet hatten, und ich dann diese riesigen Löcher und Abbrüche im Deich sah, wurde mir ganz mulmig zumute. Die Feuerwehrmänner müssen ja Unmenschliches im Kampf gegen die Naturgewalten geleistet haben. Sie wären alle ertrunken, wenn der Deich doch gebrochen wäre – und alle wussten das.
Für alle Feuerwehrmänner gab es Orden – und für die Frauen zu Hause, die ihren Männern den Rücken frei hielten, die in Angst um ihre Liebsten mit den Kindern im Orkan alleine gelassen um Familie, Haus und Hof bangten, ja, um das Leben bangten? Ein verlegenes Dankeschön kam Wochen später über die Lippen der Kommunalpolitiker.
Wir Nordfriesen sind bei dieser Sturmflut-Katastrophe noch vergleichsweise glimpflich davongekommen. In Hamburg gab es eine große Anzahl Opfer und große Schäden. Dass es nicht noch schlimmer

wurde und ein vorbildliches Krisenmanagement die schwierige Lage bald im Griff hatte, haben die Hamburger ihrem Bürgermeister Schmidt (späterer Bundeskanzler) zu verdanken.

Fast Deichbruch

Wer die vier Jahreszeiten in der Natur in ihrer prächtigen Vielfalt hautnah und besonders eindrucksvoll erleben möchte, der ist auf Pellworm richtig.
Obwohl ich kein Freund des Winters bin – er ist mir einfach zu kalt –, gab es besondere Erlebnisse, die ich nicht missen möchte.
Ob es das Schlittschuhlaufen auf dem zugefrorenen Sielzug war oder unsere Eishockeyspiele auf dem Waldhusentief mit anfänglich selbst gefertigten Stöcken, wir kamen stets mit durchgefrorenen Gliedern, aber gut gelaunt nach Hause. Unser Vater musste zuvor natürlich immer die Eisdicke, d. h. die Tragfähigkeit des Sielzuges, testen. Manchmal merkte man ihm an, dass ihm dabei recht mulmig zumute war.

Die Eis-Fahrt mit dem Dampfer „Pellworm“

Ein unvergessliches Erlebnis war die Fahrt im Eiswinter – natürlich alle im guten Zeug – mit meiner Mutter nach Husum. Auf der Hinfahrt hatte die „Pellworm“ (unser Dampfer) schon schwer mit den Eisschollen zu kämpfen.
Auf der Rückfahrt, die noch bei Helligkeit begann, sah man eine faszinierende, teilweise zugefrorene Winter-Wasserlandschaft, überall Eisschollen und an den Priel-Rändern kleine Eisberge. Kurz vor Pellworm am Ochsensand ging dann nichts mehr. Trotz Hin- und Herfahrten mit kräftigen Anläufen, unser Dampfer hatte sich im Eis verkeilt und festgefahren. Mittlerweile war es dunkel geworden, aber es war sternenklare Mondnacht – und eiskalt.
Die Ebbe hatte bereits eingesetzt und bis zum anderen Tag auf dem Schiff bleiben, das wollten wir nicht. Wir sahen, wie die Besatzung dabei war, Bretter vom Schiff auf die Eisschollen zu legen, und der Erste probierte, ob das Eis, ob die übereinandergeschobenen Eisschollen trugen. Es schien so und die ersten Passagiere wagten sich von Bord auf die Eisschollen. Auch meine Mutter und ich waren irgendwann an der Reihe und kletterten mithilfe von Besatzungsangehörigen von Bord aufs Eis. Ein abenteuerlicher eisglatter Fußmarsch mit vielen Eisschollenbarrieren lag vor uns. Zum Glück konnte man ja den Leuchturm und den Deich in ca. 500 m Entfernung gut erkennen. Wenn Nebel gewesen wäre, hätte niemand den Fuß auf Eis gesetzt. So kamen wir durchgefroren, aber mächtig stolz auf unsere überstandene Eiswanderung, am Deich auf Pellworm an.
Heini, der wie viele andere Pellwormer das Schauspiel mitbekommen hatte, wartete schon mit seinem Insel-Taxi am Innendeich. Obwohl ich zu Hause von allen bedrängt wurde und alles erzählen sollte – nichts ging mehr, ich war nur noch kaputt und müde.

Wir fahren über Rungholt

Eine Begebenheit, die wir in Erinnerung behalten werden, war die Fahrt als Schüler mit dem Dampfer nach Husum.

In der Nähe von Südfall, dort, wo früher Rungholt in einer Sturmnacht untergegangen war, reduzierte der Kapitän unseres Schiffes plötzlich die Geschwindigkeit, bis wir langsam mit wenig Fahrt durch das Wasser dahinglitten.

Da mittlerweile kein Wind mehr zu spüren war, die See wie ein Spiegel vor uns lag, hörten wir die Stimme des Kapitäns: Wenn ihr ganz ruhig seid und lauscht, hört ihr unter der Wasseroberfläche die Glocken von Rungholt! Und es war so, also ob man die Glocken weit in der Ferne tatsächlich läuten hören konnte. Dieses Erlebnis hat uns Schüler damals sehr bewegt. Zunächst wussten wir nicht so recht, wie wir mit dieser Begebenheit, mit dieser Erfahrung umgehen sollten. Im Nachhinein wurde auch uns Schülern damals bewusst, dass unser

Leben endlich ist und dass wir es nicht sinnlos aufs Spiel setzten dürfen.
Die Rungholt-Legende sagt deutlich, dass man die Glocken nur bei absolut stillem Wetter, bei spiegelglatter See und absoluter Stille hört. Diese Lage ist an der See ganz selten.
Dazu schreibt Detlev von Liliencron in dem Gedicht „Trutz, Blanke Hans!“ in der dritten Strophe: „Das schlafende Meer, wie Stahl der geschliffen (…)“
Diese Wetter- und Meereslage habe ich zwei Mal erlebt, damals auf der „Pellworm“ auf der Fahrt nach Husum und an dem Tag meiner Goldenen Konfirmation im Jahr 2016. Ich saß mit Yvonne und Dörte an der Hooger Fähre auf einer Bank auf dem Deich, wir erzählten von früher und ließen unsere Gedanken in die Ferne schweifen.
Es war herrliches Wetter, strahlend blauer Himmel und absolut windstill. Keine noch so kleine Welle war auf dem Wasser Richtung Hooge zu sehen. Die See war glatt wie geschliffener Stahl.

Windhose über Süderoog – Rinder auf der Flucht im Watt

Im Frühjahr jedes Jahres war ich dabei, wenn es darum ging, ca. 40 Rinder durchs Watt von der Insel Pellworm zur Hallig Süderoog zu treiben. So ein sehr spezielles Ereignis gab es nirgendwo in Europa. Die Watt-Trift gestaltete sich recht problemlos, die Rinder mussten nur erst mal im Watt sein. Da ja einige erfahrene Watt-Treiber dabei waren, hatte man schnell ein Leittier identifiziert, an die Leine genommen, einen Eimer mit Futter vorneweg und schon folgte die gesamte Herde.
Die fast zehn Kilometer Watt-Weg waren für uns Treiber eine Wohltat, eine traumhafte Wanderung – was die Rinder empfunden haben, entzieht sich meiner Kenntnis. Auf Süderoog angekommen, gab es stets eine kräftige Mahlzeit, meist Erbsensuppe.
Um rechzeitig vor dem ersten Wasser wieder zurück zu sein, mussten

wir uns auf dem Heimweg durchs Watt sputen. Die Rinder blieben als Pensionsgäste über Sommer auf der Hallig.
An einem schönen Sommertag geschah aber folgendes dramatische Ereignis:
Eine Windhose entstand aus dem Nichts und erschreckte die äsende Rinderherde. Offensichtlich aus Angst vor diesem Naturschauspiel ist die gesamte Herde dann losgestürmt und schnurstracks aufs Watt hinausgelaufen. Irgendwann sind sie nicht mehr gerannt, waren orientierungslos draußen im Watt und wurden von der kommenden Flut eingeschlossen.
Die jetzt folgenden Ausführungen klingen unglaubwürdig, sind aber tatsächlich sinngemäß so passiert:
Im Heverstrom, ca. zehn Kilometer vor der Hallig Südfall, waren – wie an jedem Tag – Fischkutter unterwegs beim Krabbenfischen.
Fast alle Fischkutter hatten Funkverbindung zur Fischereigenossenschaft in Husum (gibt es heute nicht mehr). Es entwickelte sich folgender Funkspruchverkehr:
Fischkutter Pellworm 2 an Fischereigenossenschaft: Wir haben an Backbord vier bis fünf schwimmende Rinder entdeckt, was sollen wir machen?
Antwort des Diensthabenden der Fischereigenossenschaft: Ihr sollt vor allem die Buddel Köm wieder einschließen!
Kurze Zeit später:
Fischkutter Husum 12 an Fischereigenossenschaft: Wir haben an Steuerbord drei schwimmende Rinder entdeckt, was sollen wir machen?
Antwort des Diensthabenden der Fischereigenossenschaft: Habt ihr auch getrunken? Diese Frequenz ist für Notfälle und dringende Fälle freizuhalten, nicht für euren Schabernack!
Beim dritten und vierten Anruf wurde dann die Fischereigenossenschaft stutzig und hinterfragte die tatsächliche Situation. Nur, wie wollte man Rinder aus dem Wasser an Bord hieven? So sehr man sich bemühte, alle Versuche der Fischkutter misslangen. Die Fischer mussten traurig eingestehen, dass alle Rettungsversuche fehlgeschlagen

waren, und mussten verärgert und voller Wut tatenlos mit ansehen, wie die Tiere schwächer und schwächer wurden.
Vier Rinder hatten es an diesem Tag geschafft, bis nach Eiderstedt zu schwimmen. Das hatte niemand erwartet und hätte niemand geglaubt. Leider mussten auch diese eingeschläfert werden, weil sie zu viel Salzwasser geschluckt hatten.
Presse, Rundfunk und Fernsehen berichteten über dieses ungewöhnliche Ereignis. Für kurze Zeit stand unsere Region im öffentlichen Fokus.

Buhne 17 – Philosophisches aus der Insel- und Halligwelt

Jeder Mensch braucht eine Rückzugsmöglichkeit, braucht einen Ort, an dem er ohne störende äußere Einflüsse zu sich selber finden kann, „über Gott und die Welt" nachdenken und seinen Gedanken freien Lauf lassen kann. Die Naturlandschaft der Insel- und Halligwelt bietet hierfür einzigartige Orte und Möglichkeiten.
Es war ein beschwerlicher Weg, die Fahrt mit dem Fahrrad in den Bupheverkoog, zum Deich meiner „Lieblings-Lahnung" (für Nicht-Nordfriesen hier auch Buhne genannt). Der Wind kam fast immer von vorne. Die letzte Strecke am Deich entlang Richtung Lahnung war recht holperig, sodass zeitweilig das Fahrrad geschoben werden musste. Auch der Weg durchs Vorland, entlang der Lahnung hinaus ins Watt musste zum Teil balancierend auf den in das Watt gerammten rutschigen Pfählen, zum Teil auf den instabilen Faschinen (Buschwerk) dazwischen, zum Teil daneben auf festem Sand zurückgelegt werden. Zeitweilig musste man sich durch tiefen Matsch vorwärtskämpfen. Dieser naturbelassene, hindernisreiche Weg war eigentlich – besonders im Winter – nur mit Gummistiefeln zu bewältigen. Für einen echten Insulaner war barfuß angesagt. Barfuß mit kurzer Hose. So war es ein tolles Feeling, aber eine sehr spezielle Herausforderung – und das anschließende Schrubben war auch nicht ohne. Am Ende der Lahnung angekommen, wurde man jedoch für den teilweise recht mühevollen

Weg vollends entlohnt, auch wenn die noch feuchten Lahnungspfähle nicht zum längeren Sitzen einluden.
Es war und ist eine andere Welt, da draußen am Ende der Lahnung. Man spürt es und hat das Gefühl, bereits mitten im Wattenmeer (bei Ebbe) zu sein. Es riecht dort nach Queller, Seetang und Salzgras. Man schmeckt die salzige Luft, Nordsee-Luft. Man hört das Glucksen im Watt, das Piepsen und das Schreien der Vögel.
In der Ferne hört man ein leises Rauschen der Nordsee, als wenn sie sagen wollte: Ich bin nur kurz weg, komme gleich wieder! Seevögel huschen im Tiefflug über einen rüber. Es ist Natur pur und ich bin mittendrin, ein Teil davon. Hier kann und darf ich ich selber sein, mich fallen lassen, meinen Gedanken freien Lauf lassen und sie in die Unendlichkeit der Weite über den Horizont hinausgleiten lassen. Hier spüre ich die unbegrenzte Freiheit der Gedanken und den Sinn des Lebens.
Rüm Hart, Klaar Kimming – hier an meiner Buhne habe ich den friesischen Spruchverstanden. Ich versinke in Gedankengänge, die kaum vorstellbar sind, aber sich klar und deutlich abzeichnen. Es sind keine Tagträume, es erscheinen fantastische Eingebungen, ja konkrete Visionen und philosophische Erkenntnisse, jenseits unserer Vorstellungskraft, die man schlichtweg nicht für möglich halten würde.
Man hat das Gefühl, man dränge in eine andere Sphäre ein, in eine andere Dimension vor. Diese „geistigen Lichtblitze“, Gedankengänge, Ideen und Visionen niederzuschreiben war mir nicht möglich. Sie sprengten meine Vorstellungskraft, mir fehlte die intellektuelle Befähigung, die Gedanken im Zeitraffer zu erfassen, zur Umsetzung der spontanen Gedanken in geschriebene Worte; der Grauschleier der Vergesslichkeit hat alles überholt.
Bruchstückartige Erinnerungen sind mir geblieben. Diese habe ich speichern können, ja verinnerlicht, sie waren sehr hilfreich bei späteren schöpferischen Tätigkeiten (Erarbeiten von Konzeptionen, Beurteilungen, Zeugnissen, Vorträgen, Leitbildern u. a.).
Besonders eindrucksvoll und in bleibender Erinnerung waren meine Wege zur Lahnung, wenn die Zugvögel zu Tausenden das Vorland

bevölkerten. Wohl, weil ich mich langsam und vorsichtig in dieser Masse von Vögeln, in dieser sehr speziellen Geräuschkulisse fortbewegte, entstand keine Panik unter den Vögeln, ich wurde geduldet/akzeptiert und durfte dieses besondere Naturerlebnis genießen.
Die Buhne 17 – so habe ich besagte Lahnung genannt – ist und bleibt für mich das Synonym für die freie Entfaltung der Gedanken und ihre Endlosigkeit, aber auch für Glaube und Wahrhaftigkeit. Der weite Horizont für die Freiheit der Gedanken. Die Gezeiten für das Auf und Ab im Leben. Die schnell oder langsam dahinziehenden Wolken in ihrer Vielfalt für alles, was kommt und geht. Die eindrucksvolle Vielfalt der Farben, der Geruch von Seetang und Schlick für Sinneswahrnehmungen. Hier konnte ich sinnieren und spürte die Endlosigkeit in der Freiheit der Gedanken. Zugleich war die (meine) Buhne der Ort, wo ich neue Kraft, neue Energie tanken konnte, wo ich nach und nach meine Persönlichkeit fand und mir mein Leben bewusst wurde.
Geträumt habe ich öfters von Ockholm, ohne dass ich wusste, was das bedeutet und wo dieser Ort liegt. Um diesen nagenden Fragen auf den Grund zu gehen, habe ich dann während meiner Zeit an der Führungsakademie der Bundeswehr in Hamburg das Buch „Geschichte Nordfrieslands“ (damals für 100 DM) gekauft und gelesen. Es waren spannende, aufschlussreiche, ja faszinierende Inhalte. In diesem Buch war auch die Geschichte Ockholms niedergeschrieben. Holm steht eigentlich für Insel, wobei Ockholm – nachweislich die Kirche – mehrere Sturmfluten überlebt hat, spät erst eigedeicht wurde und heute von naturliebenden Touristen besucht wird.
Es hört sich möglicherweise blöd an, aber ich hatte das Gefühl, ich war schon mal dort – in einem früheren Leben.

Der Meeresspiegel steigt

Deichbau gestern und heute – nach mir die Sintflut?

Die Nordseeküste, besonders Nordfriesland mit seinen Inseln und Halligen und seiner einzigartigen Natur, war schon immer – und ist bis heute – meine Welt!
Jede Heimkehr führte mich zuerst zum Deich. Ich brauchte diesen Blick übers Wattenmeer in die Ferne.
Selbst Schietwedder hat mich nie davon abgehalten. Auch Dwayne, unser Sohn, hat dieses ausgeprägte Bedürfnis und mein Enkel Jayden sagt, wenn ich ihn frage: „Wo sollen wir baden?“ „Opa – am Deich natürlich!“
Selbst bei schwerem Sturm muss ich zum Deich, gut eingepackt gegen Starkregen und Wind (früher auf Pellworm, heute bei Schlüttsiel oder Lüttmoorsiel). Eine magische Kraft zieht mich zum Hafen und an den Strand. Ich muss die Meeresbrise, den Sturm, die Gischt, das sonderbare Rauschen der Wellen, wenn sie auf die Steinkante schlagen, spüren.
Früher am Hafen von Pellworm wusste ich genau, wie hoch die Flut im Normallfall steigt. Heute, ca. 60 Jahre später, sehe ich, dass der Wasserstand bei Flut ca. 20–30 cm höher ist. Meine Frage an Experten (Ur-Einwohner, Fischer): Ist der Hafen abgesackt oder der Meeresspiegel gestiegen?
Warum wurden die Lorendämme zu den Halligen erhöht? Die selbst ernannten Experten beschwichtigen, ich solle mir keine Sorgen machen, so schlimm sei das mit den höheren Fluten nicht.
Die Deiche seien ziemlich neu und hoch genug.
Mit dieser Antwort konnte ich mich nicht zufrieden geben. Ich stürzte mich ins Internet und fahndete in Buchhandlungen und Büchereien nach entsprechenden Informationen. Und siehe da, man findet massenhaft Lektüren – auch sehr interessante wissenschaftliche Studien und Aussagen – zum Klimawandel.
Natürlich gibt es auch zahlreiche Romane über Sturmfluten. Ich

denke, die meisten habe ich gelesen, zum Teil mehrfach. Für mich am beeindruckendsten waren die wissenschaftlichen Erkenntnisse von Prof. Dr. Mojib Latif, dem international anerkannten Klimaforscher aus Kiel. Seine Ausführungen und Warnungen zum Klimawandel und zum Meeresspiegelanstieg haben mir sehr zu denken gegeben, waren für mich absolut logisch und nachvollziehbar. Seine Analysen und Voraussagen haben mich betroffen gemacht, mich sehr nachdenklich gestimmt und restlos überzeugt.

Wer heute glaubwürdig über Folgen des Klimawandels, über die Naturgewalten – insbesondere über die Sturmfluten – berichten oder dazu Stellung beziehen möchte, der sollte zumindest den Generalplan Küstenschutz des Landes Schleswig-Holstein gelesen haben.

In einem Leserbrief habe ich bemängelt, dass es auf Pellworm im Nordteil der Insel keine zweite Deichlinie mehr gibt, denn die hier entnommene Erde wurde zur Verstärkung des Seedeiches verwendet. Konkret widersprochen wurde mir nicht. Ich wurde jedoch prompt als Nestbeschmutzer diffamiert. Aber ich werde nicht nachlassen und mich künftig weiterhin einmischen.

So wie kürzlich, als das Landesamt für Küstenschutz ein Deichstück auf Pellworm öffnen wollte, um im Frühjahr verzugslos mit der Verstärkung beginnen zu können.

Und das im Herbst? Bevor die Wintersturm-Saison begonnen hat – geht gar nicht. Diesmal bekam ich positive Reaktionen auf meinen mahnenden Leserbrief. Die Deichbauarbeiten wurden komplett auf das nächste Frühjahr verschoben. Klappt doch!

Deichverstärkungs-Erlebnisse aus der Kindheit

Bereits als Schüler habe ich mich sehr für Deichbaumaßnahmen – besonders Deichverstärkungen – auf Pellworm interessiert. Für mich war es spannend und aufregend zugleich, auf der Baustelle zu sein, um den Arbeitern zuzusehen und die großen Maschinen zu bewundern. Obwohl es verboten war, das Baugelände zu betreten (Eltern haften für ihre Kinder), habe ich stets Wege gefunden, unmittelbar dabei zu sein. Besonders die riesigen Bagger hatten es mir angetan und mit der Lorenbahn, die jede Menge Erde transportierten, durfte ich sogar mitfahren. So erlebte ich hautnah, wie der alte Deich zunächst aufgerissen wurde, ein neuer Kern mit Sand aufgefüllt wurde und zum Schluss Muttererde dem neuen Deich das angestrebte Profil gab. Danach wurden schnellwachsende Grassamen ausgesät und später konnten dann die Schafe die neu entstandene Grasnarbe festtreten, damit die Wellen der Nordsee keine Angriffsfläche mehr hatten und frei auslaufen konnten.

Sturmflut 1825 – Deiche brechen – Pellworm unter Wasser

Die letzte vollständige Überflutung der Insel Pellworm mit verheerenden Schäden war im Jahr 1825.
Vom 3. auf den 4. Februar 1825 war eine schwere Sturmflut über das Land gezogen und hatte auf Pellworm und den anderen Inseln und Halligen zahlreiche Deichbrüche ausgelöst. Ein stürmischer, regenreicher Herbst, der die Deiche aufweichte und die Wege nahezu unpassierbar machte, war dieser Katastrophe vorangegangen. Zudem kam das unglückliche Zusammentreffen von hoher Springtide und heftigem Sturm im Nordatlantik und in der Deutschen Bucht dazu. Obwohl es noch keine zuverlässigen Pegel-Messungen gab, ist man sich ziemlich sicher, dass die Flut gut vier Meter über dem normalen Hochwasserstand auflief, an einigen Stellen vermutlich auch höher. Selbst die vorhandenen Mitteldeiche erwiesen sich als zu niedrig und wurden überströmt. Zahlreiche Parallelen zu den Sturmfluten von 1953 und von 1962 werden deutlich.
Trotz einiger Verbesserungen im Deichbau im 18. Jahrhundert wurde vom damals zuständigen Deichinspektor festgehalten, dass die Deiche auf Pellworm in einem mangelhaften Zustand waren. Auch die Deichlasten waren für die Pellwormer erdrückend hoch. Bereits im Jahr 1824 hatte der Seedeich – obwohl im Osten und Süden der Insel ver-

stärkt – sehr gelitten. Bei der Frühjahrssturmflut 1825 hielten die Deiche dann nicht mehr.
Man kann es sich kaum vorstellen, aber die Deiche waren für die auflaufende Sturmflut zum Teil vier Fuß (ca. einen Meter) zu niedrig und wurden vom aufgepeitschten Wasser überströmt, dabei ist der hohe und gefährliche Wellengang noch nicht berücksichtigt.
Besonders gefährdet waren die Bewohner unmittelbar hinter den Seedeichen, denn ihre Häuser wurden als Erstes Opfer der Sturmflut. Dort, wo in den Vorjahren die Deiche verstärkt worden waren, z. B. im Osten und am Süderkoog, blieb die Deichkrone weitgehend verschont und die Köge liefen nur teilweise voll. Auch wenn auf Pellworm 1825 nur zwei Personen durch die Sturmflut umkamen, stand die Insel ca. fünf bis acht Wochen bis zu einen Meter unter Wasser und man kann sich sicherlich vorstellen, dass es in der Landwirtschaft erhebliche Schäden gab. So konnte die erste Kornernte nicht einmal die Aussaat ersetzen. Viele Tiere kamen in den Fluten um. Nur wenige konnten auf den verbleibenden, hinreichend trockenen Flächen der Insel genügend Futter finden und überleben. Insgesamt dauerte der Neubau bzw. die Reparatur der Seedeiche bis Ende November 1831 – fast sechs Jahre!
Besonders schlimm hatte die Februar-Flut von 1825 die übrigen Inseln, aber besonders die Halligen, die hohe Opferzahlen zu beklagen hatten, zugerichtet.

Sturmfluten der Frühgeschichte

Weitaus verheerender wütete die Zweite Marcellusflut (Grote Mandränke) am 16. Januar 1362, in der die Uthlande zerrissen wurden und Rungholt unterging. In der Burchardiflut (Zweite Mandränke) 1634 wurde u. a. die Insel Strand zerstört und es entstanden die Inseln Pellworm und Nordstrand. Die Geografie der gesamten Nordseeküste wurde durch diese beiden Sturmfluten dramatisch verändert.

Die Legenden und Mythen vom Untergang von Rungholt haben nicht nur Dichter inspiriert, sondern Forscher und Wissenschaftler im In- und Ausland beschäftigt (aber auch Leute, die sich im Watt gut auskennen und die Wahrheit berichten konnten).
Das Nordsee Museum Nissenhaus in Husum hat sich dieser Thematik angenommen und der untergegangen Stadt Rungholt eine eigene Ausstellung gewidmet.

Lehren aus den Sturmfluten – Rungholtprinzip?

Wichtig für die Zukunft ist, was wir – insbesondere die Nordfriesen – daraus gelernt haben? Offensichtlich (fast) nichts! Nach mir die Sintflut! Das Rungholt-Prinzip lässt grüßen.
Nicht nur die Stadt Rungholt ist in einer Katastrophen-Nacht untergegangen. Die gesamte Edomsharde – eine der fünf Harden der Insel Strand – versank in den Fluten. Ein damals bereits vorhandener Fluss wurde zu einem tiefen und breiten Priel mit hoher Strömungsgeschwindigkeit – die Norderhever! Obwohl die Menschen, die in der

Edomsharde und in Rungholt lebten, um die konkreten Gefahren wussten, lebten sie dennoch nach dem Motto: Es wird schon gut gehen. Ging es aber nicht!
Die Legende besagt, dass der Untergang von Rungholt als göttliche Strafe anzusehen ist, weil die Menschen vor Ort lasterhaft lebten und sich gegenüber den Kirchenvertretern respektlos zeigten.
Von Detlev von Liliencron stammt das Gedicht „Trutz, Blanke Hans!“ In einer Strophe heißt es: Heute bin ich über Rungholt gefahren, die Stadt ging unter vor fünfhundert Jahren (…)
Heute wissen wir, dass der Meeresspiegel infolge massiver Klimaveränderungen steigt. Wissenschaftler gehen nach neuesten Berechnungen davon aus, dass der Meeresspiegel (auch) bei uns bis zum Jahr 2100 ca. 0,5 bis 1,4 Meter steigen wird. Der Generalplan Küstenschutz des Landes Schleswig-Holstein sieht als eine der wichtigsten Schutzmaßnahmen massive Deichverstärkungen der Landesschutzdeiche vor, sogar eine Stabilisierung der zweiten Deichlinie ist Teil der Planung. So ist vorgesehen, zunächst an den gefährdeten Stellen einen sogenannten Klimadeich zu bauen (an einigen Stellen bereits geschehen) und auf den Halligen sogenannten Klimawarften zu errichten. Angeblich fehlende Gelder verzögern jedoch die Planungen und die Baumaßnahmen. Man akzeptiert das, ohne die Menschen über die möglichen Folgen aufzuklären.
Die jährlichen Deichschauen bescheinigen bzw. suggerieren stabile, wehrtüchtige Deiche (was immer das auch heißt) und die Anwohner sind zufrieden, weil ja das Amt für Küstenschutz es wissen muss.

Deichpächter früher

Mein Vater hatte früher jährlich für seine Schafe ein Stück Deich gepachtet. Der Pachtvertrag beinhaltete nicht nur Ort und Länge der Deichstrecke und die maximale Anzahl der Schafe, sondern auch die Verpflichtung, jeden zweiten Tag zu kontrollieren, ob irgendwo ein Schaf auf dem Rücken lag (besonders in den Grüppeln möglich).

Zudem waren wir verpflichtet, nach einer Sturmflut das angeschwemmte Treibsel zu beseitigen. Auch mussten wir Disteln mähen, besonders die Stohldisteln mit dem Spaten stechen und beseitigen. Und heute?

Als begeisterter Fahrradfahrer, fahre ich gerne am Seedeich der Reußenköge entlang. Nachdem dort der Treibsel-Saum zwei Wochen unverändert lag und die Grasnarbe darunter abzusterben drohte, habe ich versucht, telefonisch und per Mail bei den zuständigen Stellen für Abhilfe zu sorgen. Die Reaktionen der Betroffenen möchte ich lieber nicht wiedergeben, aber immerhin wurde jetzt ein Treibsel-Lager geschaffen.

Auch lasse ich es mir nicht entgehen, wenn bei einer Baustelle des neuen Klimadeiches (Nordstrand, Odenbüll, Dagebüll) ein Besuch möglich ist, mich vor Ort schlau zu machen

Lehrjahre sind keine Herrenjahre

Diesen Spruch kennt wohl jeder. Vor allem muss er oft als Notnagel, als Alibi herhalten, wenn einem Ausbildungsverantwortlichen die überzeugungskräftigen Argumente ausgehen. Ich durfte drei Lehrjahre erleben. Es waren in der Tat keine Herrenjahre, auch keine Lichtjahre, dennoch möchte ich sie nicht missen. Mit dem Wissen und der Erfahrung von heute hätte man sicherlich einiges anders gemacht – aber damals? Es begann schon mit der Berufswahl.

Erfahrungswerte bei der Berufswahl

Selbst mit dem Wissen, den Erfahrungen und den Erkenntnissen von heute ist es sehr schwer, für sich zu entscheiden: „Was werde ich?" Gute und schlechte Ratgeber bedrängen euch, die Flut von Informationen erschlägt einen und wird zum kaum durchdringbaren Dickicht. Geheime Wünsche und Fantasien kommen zutage und benebeln das Auge und den Verstand. Man fühlt sich bisweilen total überfordert und würde am liebsten den Kopf in den Sand stecken. Ich steckte in der Bredouille – wenn man ehrlich ist! Aber irgendwann muss man – hoffentlich nach reichlicher Überlegung und Abwägung aller realistischen Möglichkeiten – Entscheidungen treffen. Möglichst sollten diese vom Verstand geleitet sein, aber bitte das Bauchgefühl dabei nicht vergessen.

Als für mich vor gut 50 Jahren die Entscheidung (welcher Beruf?) anstand, bedurfte es – dank Opas Einlassung – keiner langwierigen Überlegungen.

Ich war irgendwie froh, dass mir diese Entscheidung abgenommen wurde. Wenn ich ganz ehrlich bin, konkrete Vorstellungen, was mal aus mir werden sollte, hatte ich nicht. Wenn ich auf dem Hof nicht gebraucht wurde, war ich gerne am Hafen, mit dem Fahrrad unterwegs, am Strand zum Angeln oder am Sielzug mit dem Senknetz. Ich

Was soll ich werden? Wer hilft mir?

war überall dort, wo man in seinen Träumen nicht gestört wurde. Aber bezüglich meines zukünftigen Berufes – keine Idee.

Handwerk hat goldenen Boden

Durch häusliche Hilfeleistungen und handwerkliche Aktivitäten in der Schule wurden mir eine gewisse Affinität zum Basteln mit Holz und ein gewisses handwerkliches Geschick nachgesagt.
Also sprach mein Opa: De Jung ward Discher! Frei nach dem Motto: Handwerk hat goldenen Boden! Damals war es auch so. Alle – auch ich – konnten mit dieser Empfehlung gut leben. Gesagt – getan.
Meine Mutter hatte sich aus unserer Berufsfindungs-Diskussion auffällig herausgehalten. Doch als wir das Berufsziel Bau- und Möbel-

tischler definiert hatten, fügte sie hinzu: „Du kannst ja während der Lehre in der Abendschule dein Abitur nachholen, dann hast du die Möglichkeit, Architekt zu werden, genau wie Onkel Heinrich, der hat es auch so gemacht.“ Beinahe hätte ich ihr gesagt, dass ich auf weiteren Schulbesuch null Bock hatte, aber ich habe es mir verkniffen.
Heute hat der Beruf Holztechniker wieder Zulauf, vermutlich weil dieser Beruf den Umgang mit einem edlen Naturprodukt suggeriert.

Die Anzugsfrage für die Vorstellung beim Meister

Nur schwer zu beantworten ist die Frage: Was zieht man zur Vorstellung beim künftigen Meister an?
Mama Ingeborg hatte sofort einige Ideen parat, die mich nicht auf Anhieb überzeugten. Sie kaufte gerne Sachen (nicht so teuer), die nach ihrer Auffassung junge Herren tragen sollten, die sie selber gerne hätte und besonders schick fand. Ich wurde eingekleidet, als hätte ich einen fachkundigen Stylisten an meiner Seite: mit Anzug, Hut und Mantel, den Schal nicht zu vergessen.
Sie hat es wirklich gut – zu gut – gemeint.
Erst als Mutter Ingeborg bezüglich der Kleidungsfrage zufrieden war, konnte ich mir über das anstehende Vorstellungsgespräch Gedanken machen.
Und ab ging es mit Schiff und Bus zur Vorstellung, zur Tischlerei von Meister Friedrichsen in Husum-Rödemis, Hindenburgstraße Nr. 7. Mein Vater und mein künftiger Meister hatten alle Eckdaten für meine Lehre in einem Gespräch vereinbart. Ich wusste nur, wo ich anfangen sollte, denn die Tischlerei brauchte dringend einen neuen Stift (oder Lehrling – neudeutsch: Auszubildender).

Vorstellung im Lehrbetrieb

Mein Eintreffen war also angekündigt. Die zahlreichen Gesichter hinter den Scheiben der Werkstattfenster zeigten mir mehr den Eindruck von Verächtlichkeit und Ablehnung als von Freundlichkeit, die ich ja eigentlich erwartet hatte. Toller Empfang – dachte ich. Als ich die Werkstatt betrat, machten alle auf Betriebsamkeit. Einer rief den Meister mit den Worten: Der Neue ist da!
Die Begrüßung beim Meister fiel etwas wortkarg, ja stockend aus, ich wurde von ihm von unten bis oben gemustert und er sagte nur zu mir: Zieh dir morgen etwas anderes an, hier hast du schon mal eine Schürze. Kannst wieder nach Hause gehen. Morgen erzähle ich dir alles Wichtige.
Das war also mein Vorstellungsgespräch und zugleich Einstellung in eine Lehre. Irgendwie hatte ich mir den Beginn meiner Lehrzeit anders vorgestellt. Aber mein Outfit – absolut overdressed würde man heute sagen – war ein Schuss in den Ofen. Noch nie vorher hatte ich mich so geschämt. Es war kein guter Tag.

Meine Lehrlings-Bude

Nach Hause, auf die Insel, konnte ich natürlich nicht, war auch so nicht geplant. Mein Vater hatte ja für mich für die Dauer der Lehrzeit eine Stube (Bude) auf der Neustadt gemietet. Die Stube war in einem sehr großen Haus, genau über der Durchfahrt. Heizung war im Mietpreis nicht enthalten (war ich ja auch nicht gewohnt). Frühstück und Abendessen konnte ich mir selber machen und das Mittagessen durfte ich bei meinem Lehrmeister einnehmen. Dafür behielt er die Ausbildungsvergütung (90 Mark) ein.
Meistens schaffte ich es, jedes zweite Wochenende nach Pellworm zu fahren. Das Wochenende war meist durch die Umbaumaßnahmen vollgestopft. Für die Rückfahrt nach Husum wurde mir stets Proviant eingepackt – ich sollte ja nicht verhungern und wer viel arbeitet und

lernt, musste auch gut essen – so meine Mutter. So hat sie mir regelmäßig ein halbes frisches Schwarzbrot (Weißbrot hat ja keine Energie), Schweineschmalz und selbst gemachte Marmelade eingepackt. Zum Frühstück und zum Abendbrot sollte ich ja etwas Deftiges essen, das stärkt den Körper.
Die Essens-Rationen, die ich von zu Hause mitbekam reichten ca. drei bis vier Tage. Vater meinte, ich könne mir ja etwas dazuverdienen und mir davon Essen-Sachen kaufen, er hätte früher auch nicht viel gehabt. Mutter war in der Tat um mein Wohlergehen in der Fremde bemüht und hat mir (an der Familie vorbei) auch Bratenreste und Butter mitgegeben. Frische Milch wollte ich auf keinen Fall mitnehmen. Sauerfleisch im Glas oder eingelegte Heringe waren für mich auch keine kulinarischen Hochgenüsse und blieben zu Hause. Dafür durfte ich ab und zu etwas Eingemachtes entführen.
Auf der Neustadt hatte ich von Anfang an Familienanschluss. Die Dame des Hauses versäumte es nicht, sich mit mir zu unterhalten. Öfters erhielt ich von ihr unwichtige Ratschläge und häufig erzählte sie mir aus ihrem Leben und von ihrer leitenden Funktion in einer großen Gastwirtschaft auf der Neustadt.
Ihr erwachsener Sohn, der nicht nur im Haus wohnte, sondern auch in ihrem Ehebett schlief, war geistig behindert, sammelte Kugelschreiber, hatte bereits jede Menge und hat mich täglich damit genervt.
Ich habe es nie verstanden, warum ich grade in diesem Haus, bei diesen Menschen drei Jahre wohnen musste.
Die Frau des Hauses hatte mir auch einen Zusatzverdienst angeboten: Ich durfte – wenn ich denn wollte – den Stall der Pensionstiere ausmisten. Den Stall würde ich ja kennen, denn ich würde ja auch regelmäßig mein Fahrrad dort abstellen. Da es aber bei der Entlohnung um Groschen-Beträge ging und ich für das Ausmisten ohnehin keine Zeit hatte, war das Thema schnell vom Tisch.

Arbeitszeiten eines Lehrlings

Für die täglichen Fahrten zur Werkstatt und zurück hatte ich ja mein Fahrrad. Die Fahrten gingen quer durch Husum und waren ca. zweieinhalb Kilometer lang.
Meine Arbeitszeit begann offiziell um 7 Uhr. Im Winter und in der kalten Jahreszeit musste ich als 3. Stift spätestens um 6.30 Uhr in den Werkstatt sein, um den Kanonenofen anzuheizen, damit in der Werkstatt geleimt werden konnte.
Bei Eis und Schnee musste ich bereits um 5.30 Uhr aufbrechen, um für das Anfeuern des Kanonenofens rechtzeitig in der Werkstatt zu sein.
Arbeitsende war um 17 Uhr. Dann begann für mich das große Reinemachen, das Aufräumen und Fegen der Werkstatt.
Besonders langwierig war das Reinigen der Hobelmaschine und der Fräse mit Petroleum. Gegen 18 Uhr hatte ich meistens alles geschafft.
Der Stift 2 hatte mich eingewiesen, Stift 1 war mit der Vorbereitung seiner Gesellenprüfung beschäftigt und von allen Lehrlingsaufgaben befreit.
Damit war die Rangordnung unter uns Stiften klar. Ich hatte die Arschkarte. Die Arbeit im Betrieb und die entsprechenden Zuständigkeiten beim Personal waren damit für mich klar.

Die Sozialstruktur im Lehrbetrieb

Der Meister war der Chef, er war der Arbeitgeber und gehörte nicht zum Team. Ihm gegenüber hatte man Respekt – nicht mehr und nicht weniger –, denn von ihm bekam man am Ende der Woche den Lohn. Wer mit ihm zusammenarbeiten oder ihm helfen musste, der hatte die Arschkarte gezogen. Der Zweite Mann und damit der wichtigste Mann im Betrieb war der Altgeselle. Er war in der Tat der fähigste Tischler und hatte eigentlich das Sagen.
Zu Beginn meiner Lehrzeit konnte ich noch nicht ahnen, wie schwer

es für mich werden würde, zwischen den beiden Verantwortlichen zu manövrieren.
Irgendwie hatte ich gleich zu Beginn meiner Lehre das ungute Gefühl, dass alle gegen mich waren und ich ziemlich schnell die Biege machen sollte. Dieses Gefühl sollte mich nicht täuschen.
Dass ich hieran nicht unschuldig war, wurde mir erst viel zu spät bewusst.
Das mit den Klamotten war mir klar, aber dass man mit Freundlichkeit und gutem Benehmen provozieren kann, dafür war ich zu naiv und gutgläubig. Aber dass man deshalb von der ganzen Belegschaft abgelehnt wurde, hat mich total überrascht.
Einer nahm mich so, wie ich bin, das war mein Lehrmeister. Ich musste ihm häufig helfen und musste auch mit auf Flick (Reparaturdienste). In den Augen der Belegschaft war dies aber Arschkriecherei. Alles, was ich machte, wurde kritisiert. Ich konnte es keinem recht machen. Die ersten Tage waren wirklich schlimm. Es gab Momente, da habe ich ans Aufgeben gedacht. Das aber ging gegen meine Ehre, aufgeben durfte ich nicht, also Zähne zusammenbeißen und durch! – So, wie es mir von zu Hause eingetrichtert worden war. Stundenlang musste ich mit der Raubank (gut 50 cm lang und schwer) Naturholz hobeln, immer wieder fegen, Handlangerdienste leisten und Maschinen einölen. Das Hobeln mit der Raubank hat viel Kraft gekostet und mir einen ungeheuren Muskelkater eingebracht. Aber mich beschwert und gejammert habe ich nie, ich habe mir geschworen: Lass dich nicht unterkriegen, das stehst du durch!
Wenn der Meister außer Haus oder ich mit Gesellen auf einer Baustelle beschäftigt war, musste ich stets zum Bäcker. Wehe mir, ich hatte die falschen Kuchen gekauft.
So waren die ersten Monate meiner Lehrzeit sehr bitter für mich, oft hatte ich die Grenze der Belastbarkeit erreicht, häufig stand ich unter Strom. Vom Tischlerhandwerk hatte ich zwar einiges gehört, aber bis dato nichts gelernt.
Heute ist eine hinreichende soziale und methodische Kompetenz erforderlich, um einen Ausbildungsbetrieb zu leiten. Es gibt sogar einen

Lehrgang Ausbildung der Ausbilder. Früher war die Belegschaft eine eingeschworene Gemeinschaft und Leute, die nach deren Meinung nicht hineinpassten, wurden so lange unter Druck gesetzt – heute würde man das Mobbing nennen –, bis sie den Betrieb wieder verließen.

Die Schwächsten in diesem System, die dem Gruppenzwang unterlagen waren natürlich die Lehrlinge, die Stifte. Übrigens – mein Vorgänger wurde auch so abgeschossen. Ich war ein vergleichsweise harter Brocken, der anfangs absolut nicht in das Team passte und den man unbedingt loswerden wollte. So wurden mir dic anfänglichen Härteübungen von den Mitarbeitern später geschildert.

Aber es kam zu Beginn meiner Lehrzeit ja noch einiges an Proben auf mich zu.

Aufnahmeprüfungen – Rituale

Die überstandenen Aufnahmeprüfungen sehe ich heute mit völlig anderen Augen. Wie konnte man früher so blöd sein und darauf reinfallen. Aber der Reihe nach:

Beiläufig bekam ich von meinem Meister den Auftrag: „Fahr mal zum Obermeister in der Friedrichstraße und hole den ‚Holtregger'. Er bekommt ihn morgen zurück."

Ich schwang mich aufs Fahrrad und fuhr zum Obermeister mit dem besagten Auftrag. Der hatte mich schon erwartet, hatte auch ein Paket für mich für meinen Meister, aber zugleich auch einen Folgeauftrag: „Fahr mal nach ‚Topf' (Firma für Baubedarf) und hole vier Kilogramm ‚Haumichblau'". – Auch das brauchte mein Meister morgen.

Scheinbar waren auch bei der Firma „Topf" Leute auf mein Eintreffen vorbereitet.

Denn dort erfuhr ich, dass es morgen erst wieder Haumichblau gebe, die Lieferung wäre noch nicht im Geschäft eingetroffen, müsste aber bereits im Lager sein. Ich solle mal dort vorbeifahren (zwei Kilometer außerhalb Husums) und nachfragen. Dabei bemerkte ich das ver-

schmitzte Lächeln des Verkäufers und auch, dass die anderen Verkäufer es sehr lustig fanden. In diesem Moment war mir alles klar. Wir hatten zwar nicht den 1. April, aber man hatte mich kräftig verarscht. Auch in dem Paket vom Obermeister war lediglich ein Stück Holz, das ich zwischendurch entsorgt hatte. Wieder in der Werkstatt angekommen, ließ ich mir nichts anmerken. Auch hatte keiner eine Frage.
Abends war ich sehr niedergeschlagen und am Grübeln, wie mir das nur passieren konnte. Wie konnte man nur so blöd sein? Aber da ja Platt gesprochen wurde, habe ich mir – gutgläubig und naiv, wie ich war – nichts Schlimmes dabei gedacht.
Später erfuhr ich, dass alle Lehrlinge – auch in anderen Betrieben – diese Prüfungen machen durften und darauf reingefallen sind.
In der Berufsschule wurde mit erzählt, dass vor mir Lehrlingskameraden zum Obermeister geschickt wurden, um den Dropphobel (Draufhobel) auszuleihen. Auch diese Verarschung hat stets funktioniert.
Aber eine (unvergessliche) Prüfung stand mir noch bevor.
Mein Meister war zugleich Beerdigungsunternehmer. Auf dem Dachboden war neben dem Holzlager auch das Sarglager untergebracht. Eines Tages wurde ich auf den Dachboden geschickt, um mehrere Bretter einer bestimmten Länge und Dicke nach unten zu holen.
Als ich den Boden betrat, war es duster und unheimlich. Besonders schlimm war, dass das Licht des Sarglagers, wo auch die Bretter lagen, nicht funktionierte. Also habe ich mir in der Werkstatt eine Taschenlampe besorgt und bin wieder hinauf auf den Dachboden. Bei der Suche nach geeigneten Brettern hörte ich plötzlich aus dem Sarglager ein Stöhnen und Kratzen. Im ersten Moment war ich geschockt, mir war angst und bange, am liebsten wäre ich stiften gegangen. Aber wohin? Im zweiten Moment fiel es mir wie „Schuppen von den Augen" – ganz schön gemein, habe ich mir gedacht. Trotz ungutem Gefühl und mit Angstschweiß auf der Stirn rief ich zum besagten Sarg rüber: „Du kannst jetzt rauskommen, ich habe mich nicht zu Tode erschreckt!" „OK – hat mich jemand verraten?" – war die hörbar enttäuschte Antwort auf meine Aufforderung.

Mit der Zeit normalisierte sich das Verhalten der Gesellen mir gegenüber. Das Lehrverhältnis im Betrieb wurde deutlich entspannter. Ich wurde zunehmend als 3. Stift akzeptiert. Man hat mich ernst genommen und auch zu anspruchsvolleren Tischlerarbeiten herangezogen. Die Arbeit fing an, mir Spaß zu machen. Noch wichtiger für mich war, dass ich meinen Grundsätzen treu geblieben war und mich nicht zu verbiegen brauchte.

Jeden Freitag musste ich zur Berufsschule. Nachdem ich mich auch dort akklimatisiert, bzw. eingewöhnt hatte, machte Schule tatsächlich wieder Spaß.

Kaum zu glauben, aber ich entwickelte mich zu einem guten Schüler. Für mein Betriebsheft, das ich führen musste, und in den Klausuren bekam ich überraschend gute Noten. Wesentlichen Anteil an meiner hohen Motivation hatte unser Berufsschullehrer, der zeichnete sich durch hohe fachliche Kompetenz sowie umsichtiges und einfühlsames Engagement gegenüber seinen Schülern aus. Von ihm konnte man wirklich viel lernen – nicht nur für Schule und Beruf.

Er war es auch, der mich überredete, die Abendschule zu besuchen. Diese begann in der zweiten Hälfte des zweiten Lehrjahres und dauerte vier Semester bis zum Abschluss, einer Art Fachhochschulreife.

Mein Berufswunsch stand mittlerweile auch fest: Ich wollte Berufsfachlehrer Holz werden. Dafür war die Abendschule nicht zwingend, aber nützlich. An meiner Berufswahl waren mein Meister und mein Berufsschullehrer nicht ganz unschuldig, sie haben mich quasi dazu animiert.

Was sich im Betrieb leider – aus meiner zu der Zeit unmaßgeblichen Sicht – nicht normalisierte, war das schwierige Verhältnis: Meister–Altgeselle–Gesellen–Lehrlinge

Ich fand diese gekünstelten Animositäten zum Kotzen, (Entschuldigung), aber immer, wenn ich mit dem Meister los musste und die Arbeitsmittel einpackte, wurde ich von allen gehänselt. Warum eigent-

lich? Wenn der Meister außer Haus war, hatte der Altgeselle das Sagen und es wurde kräftig über den Meister hergezogen.
Wenn der Meister wiederkam, herrschte blitzschnell eitel Sonnenschein und rege Betriebsamkeit, als wäre nichts gewesen.
Auch wenn der Altgeselle offensichtlich irgendwelche persönlichen Probleme haben musste – so schien es mir jedenfalls –, habe ich enorm viel Fachliches von ihm gelernt. Wir entwickelten ein gutes – wenngleich auch etwas distanziertes – Verhältnis (lag an mir).
Jeden zweiten Samstag musste ich mit dem Meister auf Flick. So nannten es die Gesellen, wenn ich im blauen VW-Transporter mit dem Meister nach Drelsdorf zu seinen Verwandten fuhr. Anfänglich war ich nur der Stift für niedrige Arbeiten, später war ich ein gern gesehener, kompetenter und umsichtiger Mitarbeiter, der auch zum zweiten Frühstück eingeladen wurde.
Das Wichtigste aber: Ich bekam fünf Mark für den Ausflug nach Drelsdorf. Viel Geld für mich, in dieser Zeit ein toller Verdienst und damit war auch der Beat-Abend in Mildstedt gerettet.
Es waren oft harte, mühselige Arbeitstage während der Lehre. Besonders im Winter auf dem Bau konnte man es nur schwer aushalten. Man musste die Zähne zusammenbeißen und trotzdem schlotterte man am ganzen Körper.
Auf einigen Baustellen, wie z. B. in Eiderstedt oder in Schobüll, wo wir auf uns allein gestellt wirklich ansehnliche und anspruchsvolle Gewerke gestaltet bzw. produziert haben, hat die Lehre großen Spaß gemacht. Es kam einige Male vor, dass auch in geringem Umfang Maler- und Tapezierarbeiten erforderlich waren. Das Ergebnis war in der Regel fantastisch, von uns gemacht, einfach genial.
Ich denke, die hohe fachliche Qualität des Handwerks, selbstständiges verantwortungsbewusstes Arbeiten, Zuverlässigkeit, Flexibilität und Vielfalt machten den guten Ruf unseres vergleichsweise kleinen Tischlerbetriebes aus. Irgendwann begann ich mich mit unserem Betrieb zu identifizieren und ich entwickelte eine gewisse Corporate Identity.
Im 3. Lehrjahr wurde ich wie ein Geselle behandelt, bekam vergleich-

bare Aufgaben zugeteilt und ich wurde von allen in der Werkstatt akzeptiert. Zudem wurde mir ein neuer Stift zugeteilt.
Mein Meister und auch der Altgeselle haben mich zunehmend zu schwierigen, kniffeligen Aufgaben und Arbeiten herangezogen. Das hat mich sehr gefreut, aber keinesfalls übermütig gemacht. Ich sah es als Herausforderung und Bewährungsmöglichkeit.
Die Abendschule stellte sich als enorme zusätzliche Belastung dar. Dreimal in der Woche von 19 bis 22 Uhr Schule, dabei kam ich doch erst um 18.30 Uhr von der Arbeit zurück auf meine Bude. Im Gegensatz zur Berufsschule waren hier auch meine Noten nicht so gut. Im Zeugnis stand sogar, dass ich zeitweilig unregelmäßig am Unterricht teilnahm – war das ein Wunder?
Für mich stand auf Platz 1 ein ordentlicher Abschluss in der Lehre und dafür wollte ich mich voll einbringen.
Dennoch habe ich mir auch während der Lehrzeit eine sportliche Betätigung gegönnt. Ich brauchte einen Ausgleich, wo ich mich auspowern konnte. Mit einigen Gesellen aus dem Betrieb haben wir einmal wöchentlich Federball oder sportfachlich korrekt Badminton gespielt. Das hat riesigen Spaß gemacht.
Obwohl der Boden schlecht war – wir haben in Husum in der ehemaligen Viehhalle gespielt – wurde unsere Spielfähigkeit, unsere Technik zusehend besser, sodass wir auch gegen richtige Badminton-Vereine gespielt haben – mitunter konnten wir sogar gewinnen. Da wir gewohnt waren, Nägel mit Köpfen zu machen, haben wir aktiven Spieler den Husumer Federball-Club e.V. gegründet. Diesen Club gibt es heute noch.
Von einer Baustelle, wo der Fliesenleger Pfusch am Bau fabriziert hatte, hat mein Meister alle Fliesen oder besser gesagt Badezimmer-Kacheln für kleines Geld aufgekauft. Er hatte dabei an mich gedacht, denn meine Wochenend-Beschäftigung – wenn ich denn auf Pellworm sein konnte – bestand darin, die Wohnung meiner Eltern zu renovieren.
Im Obergeschoss wollten meine Eltern gerne ein Badezimmer mit Dusche, Toilette und Waschbecken haben. Das Problem war der

unebene Holzboden. Diesen habe ich ausgeglichen (bis zu 10 cm) und verspachtelt. Eine 32 mm dicke, wasserfeste Spanplatte habe ich anschließend daraufgeschraubt.
So hatte ich eine hinreichend plane Fläche und habe Mosaik-Fliesen verklebt. Die übrigen Fliesen – es waren hochwertige, gut aussehende Badfliesen – habe ich ebenfalls an den von mir erstellten Rigips-Wänden (12 mm Rigips) neu geklebt.
Obwohl an den Fliesen noch Klebe-Reste waren und Fachleute mich eindringlich vor einer erneuten Verwendung warnten, habe ich die Fliesen trotzdem verwendet. Mit einer professionellen, elastischen Verfugung und Silikon in den Ecken haben diese Fliesen sehr gut gehalten.

Mein Gesellenstück

Mein Gesellenstück sollte der krönende Abschluss meiner Lehrzeit werden. Unser Meister wollte, dass ich für ihn einen dreiteiligen Wohnzimmerschrank baue. Das Mittelteil sollte mit vorgezogenem Kubus, speziellen edlen Furnieren und Furnierarbeiten sowie mit Intarsien verziert ein anspruchsvolles Teil werden und damit der besonderen Herausforderung der Gesellenprüfung entsprechen.
Verwenden sollte ich Stäbchen-Platten, Teak-Holz und Rangun-Teak-Furnier.
Der Altgeselle hat mich (ohne zu fragen) mit Rat und Tat bei den Arbeiten am Gesellenstück unterstützt.
Als es fertig war, standen wir alle mit großen Augen staunend davor. Es war ein geniales Möbelstück geworden, einfach toll. Alle – besonders mein Meister – waren voll des Lobes über dieses Gesellenstück. Ich selber konnte mein Glück noch gar nicht fassen und war damit beschäftigt, mit dem scharfen Stecheisen letzte Furnier-Unebenheiten zu beseitigen, als das Unfassbare und Schreckliche geschah, ja die Welt unterging: Das Stecheisen war mir aus der Hand gerutscht und steckte vorne im Kubus im Schrank – in meinem Gesellenstück. Ich

hätte mich am liebsten im Boden verkrochen. Aber plötzlich funktionierte die Solidargemeinschaft Betrieb. Alle waren bemüht, mich zu trösten, nach dem Motto: „So schlimm ist das nicht, das kriegen wir wieder hin, das sieht man morgen nicht mehr, haben schon ganz andere Sachen geradegebogen."
Für mich war eine Welt zusammengebrochen, mich konnte niemand trösten, ich war wie gelähmt.
Der Altgeselle hatte tatsächlich gute Ideen, wie man so ein Missgeschick aus der Welt schaffen konnte. Es war in der Tat nach seiner Wunderbehandlung nichts mehr zu sehen – nur zu erahnen. Bei der Freisprechung fragte mich der Obermeister, wie ich denn die Optik bei meinem Gesellenstück wieder hingekriegt hätte.
Ich habe ihm die Wahrheit erzählt.
Nie im Leben hätte ich mir träumen lassen, bei der Freisprechung eine Ehrenurkunde des Tischlerhandwerkes des Landes Schleswig-Holstein zu erhalten. Diese Urkunde erhielt ich, weil ich Innungsbester Lehrling im Jahr 1969 wurde. Eine Handwerkerlehre mit zweimal sehr gut und einmal gut abzuschließen war selten. Hätte ich in diesem Beruf weitergemacht, wäre diese sehr gute Gesellenprüfung ein guter Start in eine Handwerker-Zukunft gewesen.
Der Obermeister sagte in seiner Laudatio (u. a.), ich würde ja schon mit einem Bein in der Meisterprüfung und in der Berufsschule stehen.
Eigentlich hätte ich auf das gute Ergebnis stolz sein können und mich grenzenlos freuen müssen – aber diese Emotionen blieben aus. Ich war zwar irgendwie zufrieden, aber es waren noch zu viele Fragen offen.

Mein Resümee der Lehrzeit

Die Lehrjahre waren wahrhaftig keine Herrenjahre. Das hatte ich auch nicht erwartet, vor allem meine Eltern haben es mir prophezeit: Ich werde die Zähne zusammenbeißen müssen, schwierige Phasen durchzustehen, nicht aufzugeben, mich nicht verbiegen zu lassen und

stets freundlich, offen, ehrlich und souverän zu bleiben. All das habe ich einigermaßen erfolgreich praktiziert. Aber es war verdammt hart und hat mich einiges an Selbstüberwindung gekostet!
Ich habe während meiner Lehrzeit Menschen kennengelernt, die mir viel beigebracht haben, die mich ernst genommen und mir Hilfestellung angeboten haben.
Zu einigen wenigen waren freundschaftliche Bindungen möglich, das hat mir viel bedeutet. Ein wirkliches Vertrauensverhältnis konnte ich nur zu wenigen entwickeln, meistens blieb es oberflächlich. Die Psyche und das Verhalten der Leute im Betrieb und von Mitschülern, die ich glaubte zu kennen, blieben für mich rätselhaft, fragwürdig und ich fand hierfür keine Erklärung. Mein Selbstwertgefühl war arg ramponiert worden.
Die wichtigsten Erfahrungen und Erkenntnisse aus meinen Lehrjahren waren, dass mir bewusst wurde, wie beschränkt mein Wissen bis dato war, ich also noch viel zu lernen hatte. Mir wurde bewusst, dass sich meine Menschenkenntnisse und meine Fähigkeit zur Sozialisation erst im Anfangsstadium befanden und dass ich für ein Leben unter Menschen in dieser Welt noch nicht die nötigen Kompetenzen, wie z. B. persönliche Reife und Glaubwürdigkeit, besaß.

Isaac Newton hat einmal gesagt:
Was wir wissen ist ein Tropfen, was wir nicht wissen, ein Ozean.

Brotlose Kunst

Für meine Eltern war es wichtig, dass wir Kinder etwas Ordentliches werden, was auch immer das sei. Wir sollten es einmal besser haben als sie selber. Und in der Tat, nie haben sie ihre eigenen Wünsche in den Vordergrund gestellt, stets waren unsere Wünsche wichtiger. Und so haben die beiden stets ein sehr bescheidenes Leben geführt, mit anfänglich großen Entbehrungen. Was wir Kinder erst spät erfuhren, war die Tatsache, dass mein Vater seine Geschwister auszahlen musste.

Dafür, dass er den Hof erbte, hat er bis zur eigenen Rente gezahlt. Danach ging es den beiden auch finanziell erheblich besser. Aber geklagt wurde – auch in schwierigen Zeiten – nie. Sogar eine finanzielle Unterstützung hat er uns Kindern bei Bedarf sofort gewährt. Auch bei mir, als ich einmal ein unbedingt erforderliches Auto nicht bezahlen konnte, hat er Yvi und mir ohne zu fragen unverzüglich das benötigte Geld zur Verfügung gestellt. Natürlich hat er es baldmöglichst zurückbekommen.
Als Ältester sollte ich ja mit gutem Beispiel vorangehen. Auch bei der Berufswahl hat man das von mir erwartet.
Nur war ich in dieser Beziehung ein fauler Hund. Nach dem Motto: Wer die Wahl hat, hat die Qual!, habe ich die Berufswahl verdrängt. Zu meinem Bedauern ist es so, ich habe es damals verstanden, mich aus der Verantwortung für diese wichtige Entscheidung zu stehlen. Opa Jens hat dann – mehr oder weniger – für mich entschieden und ich war zufrieden, obwohl ich gar nicht wusste, was auf mich zukam und welche Konsequenzen das für mich hatte.
Bereits in jungen Jahren, als Schüler in der 9. Klasse, wurde mir das unliebsame Thema Berufswahl aufgezwängt. Unser Rektor (und Mentor) hatte für uns und für die Abschlussklasse eine Studienfahrt nach Schleswig organisiert. Unser Rektor hielt ja – im Gegensatz zu meinem Vater – große Stücke auf meine künstlerischen Fähigkeiten.
Malen und künstlerische Gestaltung waren ja meine Lieblingsfächer in der Schule. Ich wusste zwar um meine besondere Begabung, konnte aber beim besten Willen nichts damit anfangen. Der Rektor und meine Mutter haben dann beschlossen: Meine Begabung sollte gefördert werden. Gesagt – getan. Für unsere Studienreise nach Schleswig stand dann nicht nur der Besuch der Zauberflöte und des Museums auf dem Programm, sondern für zwei Heranwachsende unserer Schule – dazu gehörte auch ich – ein Besuch bei der Kunstakademie. Oh wie schrecklich, habe ich da gedacht und hörte insgeheim die nachhaltige Mahnung meines Vaters: Komme mir ja nicht mit brotloser Kunst an!
Aber was sollte ich jetzt machen – kneifen galt nicht, da musste ich jetzt durch!

Viel später habe ich mir Vorwürfe gemacht, ich hätte diese Option offen, vorurteilsfrei und sachgerecht prüfen müssen. Habe ich aber nicht und jetzt ist es zu spät – macht nichts.

Die mir in die Gene gelegten Begabungen, insbesondere meine grenzenlose Fantasie, meine ausgeprägte Kreativität und mein Gespür fürs Sinnliche, fürs Geheimnisvolle, sind mir erhalten geblieben. Oft habe ich in meinem Leben davon Gebrauch machen können. Diese Begabungen – besonders Empathie – waren mir sehr hilfreich und ich bin meinem Schöpfer dankbar dafür.

Dass es ausgesprochen schwierig ist, seine eigenen Fähigkeiten und Begabungen richtig einzuschätzen und eine objektive und unabhängige Entscheidung bezüglich der künftigen Berufswahl zu treffen, habe ich ja selber erlebt.

Dass aber das Bauchgefühl auch trügen kann, habe ich bei meiner Schwester Brigitte erlebt. Insbesondere dann ist man schlecht beraten, wenn man objektive Fakten bewusst außen vor lässt, um Traumvorstellungen zu verwirklichen. Nachdem sie das Abitur in der Tasche hatte, überlegten meine Mutter und meine Schwester Brigitte, dass sie Germanistik studieren sollte. Ein tolles Studienfach – für meine Schwester natürlich – superinteressant. Anschließend die angestrebte Doktorarbeit und Leiterin eines Museums als Berufswussch. Endlich eine Promovierte in der Familie, meine Mutter war fast am Ziel ihrer familiären Träume.

Es war ein Beschluss im engsten Familienkreis, ohne objektive, unabhängige Beratung von Fachleuten. Und dann kam auch noch meine unsägliche, aber ehrliche Meinung dazu: Ok und welches zweite Studienfach für die spätere Praxis? – Sonst wird es brotlose Kunst! In diesem Moment habe ich mich selber ertappt – ich argumentierte ungewollt wie mein Vater. Das Schlimme und Traurige: Ich sollte Recht behalten!

Der Aufbruch

4 Uhr – eine unchristliche Zeit – gefühlt mitten in der Nacht! Aufstehen – reisefertig machen, auf nach Budel/NL. Wo Budel genau lag, wusste ich nicht, aber heute Abend würde ich klüger sein. Es ging los, wir schreiben den 8. April 1969, ein denkwürdiger Tag, den ich nie vergessen sollte! Draußen war es bruserig und regnerisch. Schietwedder! – passte zum heutigen Anlass. Beim gemeinsamen Frühstück, an dem ausnahmsweise beide, Mutter und Vater, teilnahmen, wurde kein Wort gesprochen. „Heini" – unser Insel-Taxi – holt mich pünktlich um 5 Uhr ab. Beim Einsteigen in Heinis VW-Bus spürte ich, dass es draußen nicht nur sehr ungemütlich, sondern zudem arschkalt war. Es wurde wenig geredet, nur: Moin – jetzt geit dat wohl los, wa? – Wie föhlst du di? Ich weiß nicht mehr genau, was ich geantwortet habe, war wohl in Gedanken abwesend, ganz woanders. Kaum zu glauben – jetzt war es so weit!

Ich hatte es geschafft! Nach knapp 19 behüteten Kindheits- und Jugend-Jahren auf der heimischen Warft „in de See" auf der Insel Pellworm und weiteren drei Lehrjahren bei Meister Friedrichsen in Rödemis durfte ich den Sprung in die weite Welt wagen.

Ganz allein, ohne Begleitung, ohne die gut gemeinten Ratschläge zog ich los. Zunächst war alles wie eine große Befreiung – weg von der Insel –, keine ständigen Bevormundungen mehr, endlich auf eigenen Füßen stehen dürfen.

Hätte ich jedoch vorher schon gewusst, was am Ende des Tages auf mich zukommen würde, wäre ich wohl zu Hause geblieben.

Anmerkungen zum Ende des ersten Teils

Mit einem chinesischen Sprichwort endet der erste Teil meiner Lebensgeschichte (siehe letzte Seite). Wenn ihr wollt, wird mein Erzähl-Instinkt euch weiter begleiten. In dem folgenden Teil meiner Autobiografie werde ich weitere einzigartige, zum Teil spektakuläre Erlebnisse meines Lebens preisgeben, zugleich möchte ich bei euch Emotionen wecken und eure Fantasie beflügeln.

Fortsetzung folgt!

Inhaltsverzeichnis

Willst du Deine Zukunft kennen, dann betrachte dich in der Gegenwart, denn sie ist die Ursache deiner Zukunft.

Buddha (c. 6. Jh. V. Chr.)